中华传统文化

走进齐文化

第九册

9

《中华传统文化——走进齐文化》编委会 编

中国社会科学出版社

图书在版编目(CIP)数据

中华传统文化:走进齐文化:全十二册/《中华传统文化——走进齐文化》编委会编. —北京：中国社会科学出版社，2023.6（2023.11重印）

ISBN 978-7-5227-2077-7

Ⅰ.①中… Ⅱ.①中… Ⅲ.①齐文化—青少年读物 Ⅳ.①K871.3-49

中国国家版本馆 CIP 数据核字（2023）第 105321 号

出 版 人	赵剑英
责任编辑	孙婷筠
责任校对	牛 玺
责任印制	戴 宽

出　　版	中国社会科学出版社
社　　址	北京鼓楼西大街甲 158 号
邮　　编	100720
网　　址	http://www.csspw.cn
发 行 部	010-84083685
门 市 部	010-84029450
经　　销	新华书店及其他书店

印刷装订	北京君升印刷有限公司
版　　次	2023 年 6 月第 1 版
印　　次	2023 年 11 月第 2 次印刷

开　　本	710×1000　1/16
印　　张	95
字　　数	1505 千字
定　　价	163.00 元（全十二册）

凡购买中国社会科学出版社图书，如有质量问题请与本社营销中心联系调换
电话：010-84083683
版权所有　侵权必究

《中华传统文化——走进齐文化》编纂委员会

主　　任：崔国华

副 主 任：张锡华　王先伟　刘建伟　段玉强　王　鹏　冷建敏
　　　　　刘　琳　罗海蛟

名誉主任：张成刚　刘学军　宋爱国

委　　员：（以姓氏笔画为序）

王　宏　王　凯　许之学　许跃刚　孙正军　孙林涛　孙镜峰
李安亮　李新彦　李德乾　张建仁　张振斌　韩相永　路　栋

《中华传统文化——走进齐文化》编审人员

主　　编：徐广福　李德刚

副 主 编：王　鹏　朱奉强　许跃刚　李新彦　吴同德　于建磊
　　　　　闫永洁

编写人员：（以姓氏笔画为序）

于孝连　王会芳　王桂刚　王景涛　边心国　齐玉芝　李东梅
张爱玲　赵文辉　高科江　袁训海

《中华传统文化——走进齐文化》本册编委

本册主编：孙正军　边心国

编　　者：朱金凤　刘　智　许　璇　王雪芹

　　　　　谭海青　王　倩　崔美凤　王振洲

　　　　　刘卫华　李红霞　任艳玲　耿凌云

　　　　　户军玲　张　勇　赵雪英　徐晓霞

　　　　　于彦滨　杨晓芹　刘　青

美术编辑：潘俊峰

前　言

齐文化是中华民族传统文化的重要组成部分，它所具有的鲜明的开放、包容、务实、创新的文化精神，不仅在我国古代社会产生过重大影响，而且已经穿越时空，历久弥新，对今人依然有许多启迪和借鉴意义。

《中华传统文化——走进齐文化》编写委员会以教育部《完善中华优秀传统文化教育指导纲要》为指针，从传统文化与时代精神的结合上把握齐文化的特点，遵循青少年身心发展规律和教育规律，面向中小学生，一体化设计本书的编写内容与编写体例，使本书由浅入深，由分到总，由具象到抽象，由感性到理性，点面结合，纵向延伸，呈现出层级性、有序性、衔接性和系统性。

本书编写以"亲近齐文化—感知齐文化—理解齐文化—探究齐文化"为总体编写思路。

小学低年级（一至二年级），以滋养学生对齐文化的亲近感为侧重点，开展启蒙教育，培育热爱齐文化的情感。

小学高年级（三至五年级），以提高学生对齐文化的感知力为侧重点，开展认知教育，使学生了解齐文化的丰富多彩。

初中阶段，以增强学生对齐文化的理解力为侧重点，开展通识教育，使学生了解齐国历史的重要史实和发展的基本线索，以

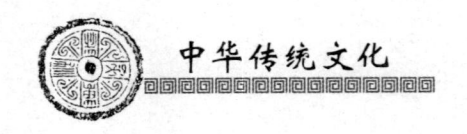

及齐地风俗，赏析齐国的文学艺术和经典名著选段，提高对齐文化的认同度。

高中阶段，以提升学生对齐文化的理性认识为侧重点，开展探究教育，引导学生认识齐文化形成与发展的悠久历史过程，领悟齐人创造的物质文化、制度文化和精神文化，探究齐文化的重要学说，发掘齐文化的历史价值和现实意义，弘扬和光大齐文化。

基于上述编写的指导思想与编写思路，本书在编写过程中与时俱进，注重齐文化教育与践行社会主义核心价值观相结合，齐文化教育与时代精神相结合，课堂学习与实践教育相结合，学校教育、家庭教育与社会教育相结合。

正如经济领域有第一产业、第二产业、第三产业一样，教育领域也有第一课堂、第二课堂、第三课堂。本书的编写意在为中小学生的第三课堂提供一套系统化的齐文化"课程"。从小学一年级到高中三年级共计十二册，学生经过十二年的序列化学习，逐步深入了解齐文化、继承齐文化，并创新性地发展齐文化。青少年学生通过亲近、感知、理解、探究齐文化，以此弘扬爱国主义精神，培养家国情怀，提升文化自信力，为实现中华民族伟大复兴的中国梦奋然前行。

《中华传统文化——走进齐文化》编委会

2023年2月

目 录

第一单元　齐国史话

第 1 课　乐毅破齐 ………………………………… 2
第 2 课　田单复国 ………………………………… 5
第 3 课　齐国覆亡 ………………………………… 8
第 4 课　复国余绪 ………………………………… 12

第二单元　齐风韶韵

第 5 课　齐地神话 ………………………………… 18
第 6 课　古诗二首《诗经·齐风》二则 …………… 23
第 7 课　音乐理论　荀子《乐论》节选 …………… 27
第 8 课　艺海拾贝《邹忌弹琴论政》……………… 32
活动探究　齐韶乐欣赏 …………………………… 36

第三单元　《管子》文选

第 9 课　《形势》节选 …………………………… 40
第 10 课　《君臣上》节选 ………………………… 44
第 11 课　《水地》节选 …………………………… 48
第 12 课　《业内》节选 …………………………… 52

第四单元　《晏子春秋》文选

第 13 课　景公问明王之教民何若 ………………… 56
第 14 课　庄公问威当世服天下时耶 ……………… 60
第 15 课　景公春夏游猎兴役 ……………………… 64
第 16 课　景公衣狐白裘不知天寒 ………………… 67
活动探究　晏子故事情景剧表演 ………………… 71

中华传统文化

第五单元　《孙膑兵法》文选

第17课　《见威王》节选 …………………………………… 76
第18课　《势备》节选 ……………………………………… 80
第19课　《八阵》节选 ……………………………………… 83
第20课　《擒庞涓》节选 …………………………………… 87

第六单元　稷下论坛

第21课　淳于子辑"孟尝君前在于薛" ……………………… 93
第22课　淳于子辑"齐欲伐魏" ……………………………… 96
第23课　鲁连子《论孟尝君未好士》节选 ………………… 99
第24课　鲁连子《论田单攻狄城》节选 …………………… 102

第七单元　《齐民要术》文选

第25课　《大豆第六》节选 ………………………………… 107
第26课　《栽树第三十二》节选 …………………………… 109
第27课　《养鸡第五十九》节选 …………………………… 112
第28课　《作鱼鲊第七十四》节选 ………………………… 115

第八单元　齐国风俗

第29课　尊教重士 …………………………………………… 119
第30课　好客广纳 …………………………………………… 124

附1　周代齐国年表 …………………………………………… 128
附2　周代齐国历史大事记 …………………………………… 131

第一单元 齐国史话

临淄，古齐之都。

自姜太公封齐建国，经春秋，桓公纳谏取贤，雄冠五霸；至战国，威王一鸣惊人，豪杰辈出，壮列七雄。一千三百多年的历史，兴衰更替，令人感叹深思……

读史明智，以史为鉴。本单元将使你开阔视野，增长智慧，丰富人生。

第1课　乐毅破齐

周赧王元年（公元前314年），力图向外扩张的齐国，乘燕国内乱，出兵占领燕都。四年，燕昭王即位，他广招贤才，励精图治，欲报破国之恨。在经过充分战前准备之后，一场由上将军乐毅率领的攻齐战争打响了……

>>> 乐毅像

蓄势待发

乐毅是战国初年魏文侯的名将乐羊的后裔。魏攻取中山后，乐羊一族就留在中山。乐毅曾仕于赵，自赵国发生内乱，赵武灵王饿死在沙丘后，乐毅就被燕昭王招贤到燕国，并受到重用，乐毅是一个有才干的军事家。

蓄势待发

周赧王元年（公元前314年），力图向外扩张的齐国，趁燕国内乱，出兵占领燕都。四年，燕昭王即位，他广招贤才，励精图治，欲报破国之恨。但齐为强国，燕无力单独攻齐。燕昭王采纳亚卿乐毅建议，利用齐、秦、赵三强争夺宋国富庶之地的矛盾，定下诱齐灭宋、争取与国、孤立齐国、"举天下而图之"的攻齐方略。经苏秦两次入齐离间，齐湣王相继西向攻秦，南下灭宋，并欲向中原扩展，加深了齐与各国的矛盾。燕昭王趁机派乐毅等四处联络，很快形成联合攻齐的局面。

所向披靡

三十一年，乐毅以燕上将军职，佩赵国相印，率燕、秦、赵、韩、魏五国联军攻齐。齐湣王得知联军渡过河水（黄河），向济水挺进，急命触子为主将，达子为副将，率领齐军全部主力迎击联军于济水西。

战斗过程中，齐军苦于连年征战而斗志消沉，暴虐的齐湣王以不战即灭满门、掘祖坟相威逼，更使得军心涣散。联军发起猛攻，触子下令退兵，只身乘车逃亡，联军乘势进击，歼灭齐军主力。

主将临阵逃跑，副将达子收集残兵，退保国都临淄（今山东淄博东北），并准备与敌军再战。达子请湣王犒赏将士，以激励其死战，反遭申斥，士气更加低落。达子无奈，只好率残兵与燕人战，秦周（临淄城西）一战，齐军大败，达子战死。

乐毅破齐

齐军被击溃后，各国都达到了自己的目的。秦得定陶，魏占故宋，赵取济西，楚得淮北之故地。各国相继罢兵。

燕军攻入临淄。尽取齐之财宝重器送回燕国。燕昭王大喜，亲到济水犒劳乐毅，并封为昌国君。

中华传统文化

为减少齐人敌对情绪，夺取全部齐地，乐毅严申军纪，禁止掳掠，减轻齐民赋税，并以官爵、封地笼络齐吏，争取人心。乐毅在齐国逗留五年，率领燕军东征西战，势如破竹，如入无人之境，一举攻下齐国七十余城。当时齐国只剩即墨和莒未被攻下，齐国基本被灭。

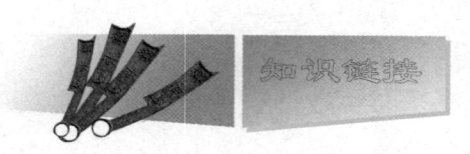

知识链接

战国时期，七雄并立。国家间冲突加剧，外交活动也更为频繁，出现了合纵和连横的斗争。

合纵就是南北纵列的国家联合起来，共同对付强国，阻止齐、秦两国兼并弱国；连横就是秦或齐拉拢一些国家，共同进攻另外一些国家。合纵的目的在于联合许多弱国抵抗一个强国，以防止强国的兼并。连横的目的在于侍奉一个强国以为靠山从而进攻另外一些弱国，以达到兼并和扩张土地的目的。当时著名的纵横家有苏秦、张仪、公孙衍等。

拓展活动

欧盟的前身是欧洲共同体，成立于1967年，这是西欧国家为了壮大自身力量，在美苏争霸的两极格局中争得一席之地的产物。如今，成员国的一体化程度进一步加强，欧盟也成为世界上最大的经济体。想一想，这与战国时期的合纵连横有没有相似之处呢？你还能另外举个例子吗？

参考文献：1.《战国策·燕策二》
　　　　　2.《齐国史话》（山东文艺出版社，李玉洁著）

第2课　田单复国

乐毅破齐后，齐国仅剩即墨和莒两座城池。在这最紧要的关头，出现了一位反攻复国的英雄，他以即墨和莒两座城池为根据地，善用各种谋略与战术，一举打败燕兵，光复了故土。他就是田单。

>>> 田单像

田单其人

田氏，名单，临淄人，战国时期田齐宗室远房的亲属，任齐都临淄的市掾（管理市场的小官）。齐国危亡之际，田单坚守即墨，以火牛阵击破燕军，收复七十余城，因功被任为相国，并得到安平君的封号。后来到赵国作将相，死后葬于安平城内。

反间计

公元前279年，燕昭王死，惠王继位，惠王早在做太子时就对乐毅不满，且对三年攻齐不下又有怀疑，田单乘机派人入燕，进行间谍活动，宣扬说：乐毅借攻齐为名，实际想控制军队，在齐国为王，所以故意缓攻即墨。如果燕国另派主将，即墨指日可下。燕惠王果然中计，派骑劫代

>>> 燕惠王

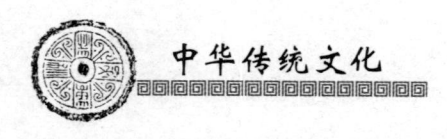

替乐毅。乐毅被撤换，不仅使田单少了一个难以对付的敌人，且使燕军将士愤慨不平，军心已开始涣散起来。

火牛阵

田单觉得反攻时机已经成熟，便收集了千余头牛，在牛角扎上锋利的尖刀，身披五彩龙纹的外衣，牛尾绑上渗透油脂的芦苇，并在城脚挖好几十个洞，直通城外；又挑选了五千名精壮勇士，扮成神怪模样；令全城军民备好锣鼓以便出击时呐喊助威。一切准备就绪之后，在一天夜间，点燃牛尾上的芦苇，驱赶一千多头火牛从城墙洞中向燕营猛冲狂奔，五千勇士随之杀出，全城军民擂鼓击器以壮声势。一时间火光通明，杀声震天。燕军将士从梦中惊醒，仓惶失措，四出逃命，死伤无数，骑劫在混乱中被杀身亡，围攻即墨的燕军主力彻底溃败。田单奇袭获胜后，立即大举反攻。齐国民众痛恨燕军的暴行，纷纷响应，帮助齐军打击燕军，很快将燕军逐出国境，收复沦陷的七十余城。

>>> 火牛阵图

历史评价

田单在齐国几乎完全被占领的情况下,坚守孤城六年,复全齐之境,可谓历史上有名的军事家和民族英雄。田单为恢复齐国立下了旷世的功勋。

故事链接

田单小故事

田单为了激励士气,诱使燕军施暴,便散布谣言说,齐军最怕割鼻子、挖祖坟。燕人果然中计,在城外挖掘齐人的坟墓,将被俘齐军士兵割掉鼻子放回。即墨军民看到燕军暴行,个个恨之入骨,愤怒异常,纷纷要求同燕军决一死战。

看到士气高昂,田单便身操版插,亲自与士卒一起筑城;把城中妇女亦编在行伍之间,把所有的饮食全部拿出来以飨士卒。田单令所有青壮年男子埋伏起来,而让一些老弱女子守城,然后派人到燕军中去请求投降。早已厌战的燕军士卒思乡心切,听说齐国投降罢兵不打仗了,皆呼万岁。

田单又在城中收集所有的金钱,让人诈称即墨城中的富豪送给燕国将军,说"即墨投降后,希望将军不要让燕国士卒抢劫我家人口妻妾,请将军保护我家。"燕将大喜,许之。燕军认为,齐人真的已经投降,完全放松了警惕。

拓展活动

田单出奇制胜的事迹被后人传颂,历史上有许多关于田单的评价,请同学们搜集一下,和其他同学们一起分享。

参考文献:1.《史记·田单列传第二十二》
2.《齐国史话》(山东文艺出版社,李玉洁著)

第3课 齐国覆亡

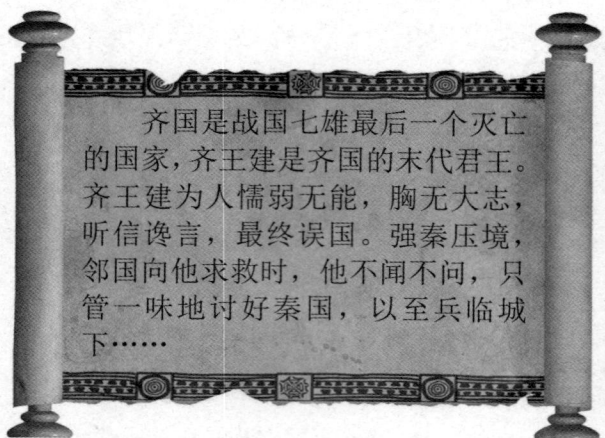

齐国是战国七雄最后一个灭亡的国家，齐王建是齐国的末代君王。齐王建为人懦弱无能，胸无大志，听信谗言，最终误国。强秦压境，邻国向他求救时，他不闻不问，只管一味地讨好秦国，以至兵临城下……

秦灭六国
- 燕 前222年
- 齐 前221年
- 赵 前228年
- 魏 前225年
- 韩 前230年
- 楚 前223年

国运不济

公元前279年，齐将田单攻破燕军，到莒城迎接齐襄王回都城临淄（今山东淄博），齐国之前失去的土地全部收复。史称田单复国。但是复国后的齐国已经失去了其强国的地位。秦国虎视眈眈，六国岌岌可危。襄王于公元前265年卒，其子建为最后一代齐王，史称齐王建。齐王建懦弱无能，胸无大志，一切国家大事悉决于（其母）君王后，君王后听政掌权，谨小慎微，勉强维持局面。

玉连环碎

秦国采取远交近攻政策，先攻韩魏，图谋齐国。秦相范雎（huī）对秦王说："齐国的君王后[太史敫（jiǎo）之女，齐襄王的王后]素称贤能，我要试探她一下。"于是命令使臣带了玉连环给齐国，并且说如果有人能解开此玉连环，秦王愿意甘拜下风。君王后知道秦王是在试探她，便拿了金锤在手，照玉连环一锤打去，玉连环顿时断碎。君王后对秦使者说："回去告诉秦王，老妇已把玉连环解开了。"范雎知齐君王后也是女中豪杰，于是暂与齐国结盟。

奸臣误国

君王后死，齐王建更是没了主心骨，听任相国后胜摆布。后胜是君王后的弟弟，贪财好色，昏庸糊涂。由于君王后的威望和影响，齐王建对后胜过分地依赖，可谓言听计从。秦国看到了齐国的这种局面，派人行反间之计。用大量金帛贿赂后胜，后胜接受贿赂，秘密与秦国来往。派使者入秦，后来再让这使者夸说秦国如何强大，多么愿意接待齐王去访问。秦已经灭了韩赵燕三国，后胜常常为秦国侵灭各国开脱。当时秦大将王贲（bēn）攻魏，魏王派人与齐结好，共抗强秦。但后胜由于受了秦国贿赂，于是劝齐王建：不要答应与魏的联合，不要惹恼秦国，以免引火烧身。胆小怕事的齐王建听信后胜的话，没有答应魏国的请求。

中华传统文化

齐国覆亡

王贲很快消灭了魏国,立为三川郡。公元前221年,秦始皇命王贲率秦军从燕国边界南下进攻齐国。王贲以迅雷不及掩耳之势,在没有遇到什么抵抗的情况下,猝然攻入齐都临淄(今山东淄博)。齐王建不听即墨大夫兴兵抗秦的劝告而入秦投降,齐国也被纳入秦国的版图。齐王建被囚在共城住处偏僻,只有茅屋数间,四围松树森森、无人居住,王建上下也带了几十口人,只靠斗粟不能吃饱,夜间又饥又冷,听四周松涛阵阵,更感凄凉。秦王不供给他食物,齐王建最终活活饿死,齐国覆亡。

知识链接

齐国灭亡的原因

第一,缺乏战略眼光,没有连续的国策,政策摇摆不定。无论是春秋时期的姜氏齐国还是战国时期的田氏齐国都缺乏战略眼光(史称吕齐和田齐),政策没有连续性。比如齐襄公用管仲,就不重视礼仪法制,到晏婴时期又放弃了管子那一套搞晏子那一套。战国时期表现得更差,今天合纵,明天连横,堂堂大国却被张仪、苏秦玩弄于股掌之中。根本不知道自己的利益是什么。

反观秦国,自商鞅变法以后就坚持以法治国的信念,痴心不改。在国策上,以统一天下为己任,逐步并西蜀吞巴郡,远交近攻,连横诸国,各个击破。

第二,没有统一天下的壮志。所以也没有统一天下的国策。国君的所谓雄心壮志只满足于称霸,即使后世君主亦不过想恢复桓公的功业。这跟秦国横扫六合的壮志不可同日而语。

第三,光富国不强兵,不重视兵家。著名的《孙子兵法》的作者孙武是齐国人,在齐国却得不到重用,最后只好到吴国去求官。在最强的齐桓公时期,面对咄咄逼人的楚国居然不敢一战!(公元前656年春天,齐桓公进犯楚国,最终达成妥协,订立盟约)也许这是对的,战则必败。齐国最常攻打的国家是鲁国,却一败再败。当时还是管仲执政时期。齐桓公任鲍叔牙为将,在长勺却没打过曹刿。

而齐威王打败魏国就满足了，可惜了名将孙膑。

第四，任由大国崛起，没有采用遏制大国的战略。齐桓公时代，楚国已经有崛起的苗头，对这样的强国不加以遏制，任由其强大，不利于国家利益。

第五，排外。外国人很难在齐国当大官。这也导致真正的贤明之士得不到任用。反观秦国，几朝相国都是外国人，所以造就了强秦。在齐威王死后，秦国的国力就超过了齐国。

第六，声色犬马，苟且偷安，不思进取的思想。前辈们打下的基础这么好，所以齐国很富裕，故此齐国人都不想打仗，没有尚武精神。齐国一直在吃老本，而对其余五国根本就不关心。秦国远交近攻，交的是谁呢——齐国。反正秦国那么远，它打谁也打不到我，它跟我贸易往来，我乐得赚钱。至于别国死活跟我有什么关系。正是这样的心态断送了齐人的前程。

拓展活动

读史使人明智。从齐国覆亡的史实和原因分析中，我们可以得到什么样的启示呢？大到国家民族的兴衰、小到个人素养的提升，我们应该都可以从中得到些借鉴。慎思之，兼用之。

参考材料：1.《战国策·齐策》

2.《齐国史话》（山东文艺出版社，李玉洁著）

第4课　复国余绪

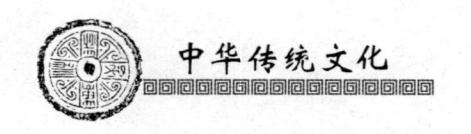

秦末天下反秦，战国诸侯的后人争着复国。在齐国故地，原齐国贵族田儋和田荣兄弟俩复国，田儋自立为齐王。田儋死后，齐人就立了亡国之君齐王建之弟田假为齐王……

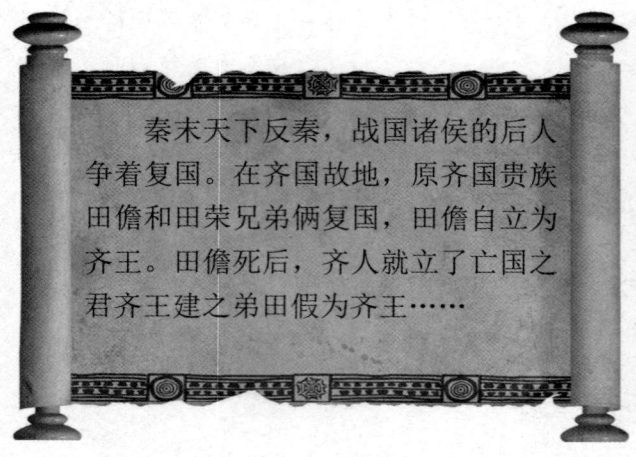

田横像

齐人复国

秦末，天下反秦，战国诸侯的后人争着复国。在齐国故地，原齐国贵族田儋和田荣兄弟俩复国，田儋自立为齐王。秦朝将领章邯杀死田儋。齐人就立了另一支齐王后人齐王建之弟田假为齐王。田儋的弟弟田荣收拾残兵又打回齐国，赶走了田假，立田儋的儿子田市为齐王。田荣复取齐地后，书致楚、赵，要求楚、赵两国杀田假、田间、田角，楚、赵两国拒绝田荣要求。

田儋像

秦国被灭之后，项羽大封诸侯，封田都为齐王，都临淄；封田安为济北王，治博阳（今山东泰安市东南）。改封齐王田市为胶东王，都即墨（今山东平度市东南）。而田荣因为之前不救项梁，又不救赵，因此没有受封。田荣对此非常愤怒。

待到等诸侯各自就国。田荣发兵田都，田都逃归项羽。田荣又先后派人杀掉田市和田安，合并了三齐之地，自立为齐王。

项羽大怒，率军北伐齐。田荣与战不利，败走平原，平原人杀田荣。

田横复齐

项羽烧毁荡平了齐国都城的城郭，所过之处都大加屠戮，齐国人无法忍受，聚集起来反叛他。

田荣的弟弟田横，收募起齐国的散兵，得到好几万人马。反过头来在城阳攻打项羽。而这时，汉王刘邦带领诸侯的军队击败楚军，进入彭城。项羽回师在彭城对汉兵发起攻击，接着楚汉军多次交锋，在荥阳相持不下。因此，田横再次得以收复齐国大小城邑，立田荣之子田广为齐王，田横自为丞相辅佐他。所有政事，大小皆由田横决定。

田横像

田横平定齐国三年之后，汉王刘邦派郦食其到齐国，向齐王田广和丞相田横游说，要他们归顺汉朝。田横认为，此事可行，就解除了齐国在历下对汉军的防备。放任兵士饮酒，并派使者与汉朝讲和。但汉将韩信在平定了赵国、燕国之后，用蒯通的计策，越过平原，突然出击，打败了齐国在历下驻扎的守军，接着又攻入临淄。田广、田横见汉军突然出现，非常生气，认为自己被郦生出卖了，立刻烹杀郦生。齐王田广往东逃到高密，田横逃到博阳。这时，楚国派军队救助齐国。汉将韩信与曹参在高密大破齐楚联军，俘虏齐王田广。田横听到齐王田广已死，就自立为齐王。在嬴下，田横的军队被汉军打得大败。田横逃到梁地，投归彭越。这时，彭越拥兵梁地，在楚汉之间保持中立。

中华传统文化

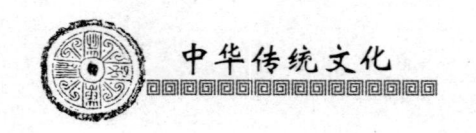

五百壮士

过后一年多,汉王刘邦消灭了项羽(楚汉之争),自立为皇帝,封彭越为梁王。田横害怕被杀,就带领他的部下五百多人逃入海中,居住在一个小岛之上。

汉高祖刘邦听到这个消息之后,认为田横兄弟本来就平定了齐国,齐国的贤士大都依附于他,如今要让他流落在海中而不加以收揽的话,以后恐怕难免有祸患。因此就派使者赦免田横之罪并且召他入朝,田横却辞谢说:"我曾经烹杀了陛下的使者郦生,现在我又听说郦生的弟弟郦商是一个很有才能的汉朝将领,所以我非常害怕,不敢奉诏进京,请求您允许我做一个平民百姓,呆在这海岛上。"使者回来报告,高祖立刻下诏给卫尉郦商说:"齐王田横将要到京,谁要敢动一下他的随从人员,立刻满门抄斩!"接着又派使者拿着符节把皇帝下诏指示郦商的情况原原本本地告知田横,并且说:"田横若是来京,最大可以封为王,最小也可以封为侯;若是不来的话,将派军队加以诛灭。"

田横于是和他的两个门客一块乘坐驿站的马车前往洛阳。在离洛阳三十里远,有一个叫尸乡的地方,这一天田横等人来到此地驿站。田横对汉使说:"作为人臣拜见天子应该沐浴一新。"于是就住下来。田横对他的门客说:"我田横起初和汉王都是南面称孤的王,而现在汉王做了天子,而我田横却成了亡国奴,而要北面称臣侍奉他,这本来就是莫大的耻辱了。更何况我烹杀了人家的兄长,再与他的弟弟来并肩侍奉同一个主子，纵然他害怕皇帝的诏命，不敢动我，难道我于心就毫不羞愧吗？再有，皇帝陛下召我来京的原因，不过是想见一下我的面貌罢了。如今皇帝就在洛阳，现在我割下我的头颅，快马飞奔三十里的功夫，我的容貌还不会改变，还是能够看一下我究竟是什么样子的。"说完之后，就自刎了，命两个门客手捧他的头，跟随使者飞驰入朝，奏知汉高祖。汉高祖说道："哎呀！能有此言此行，真是了不起呀！从平民百姓起家，兄弟三个人接连为王，难道不是贤能的人吗！"汉高祖忍不住为他流下了眼泪。然后高祖拜田横的两个门客为都尉，并且派两千名士卒，以诸侯王的丧礼安葬了田横。

安葬完田横之后，他的两个门客在田横墓旁挖了个洞，然后自刎，倒在洞里，追随田横死去。汉高祖听说此事之后，大为吃惊，认为田横的门客都是贤才。便再派使者前去招抚留居海岛的五百人。五百壮士从汉使那里得知田横的死讯，都相继"蹈海"自杀了。被称为"田横五百壮士"。

知识链接

历史遗迹——田横岛

田横岛位于山东即墨境内，总面积为1.46平方千米，海岸线长8公里，距陆地3千米，岛上最高处海拔54.5米。与著名的崂山风景区隔海相望，地理条件优越，气候类型属温带海洋性气候，现岛上共有3个居民点，300多户，1000人左右。田横岛作为平民的谋生之地，被称之为"小关东"。

据史书记载，秦末汉初，群雄并起，逐鹿中原，刘邦手下大将韩信带兵攻打齐国，齐王田广被杀，齐相田横率五百将士退据此岛。刘邦称帝后，遣使诏田横降，田横不从，称"死不下鞍"，于赴洛阳途中自刎。岛上五百将士闻此噩耗，集体挥刀殉节。世人惊感田横五百将士之忠烈，遂命名此岛为田横岛。

中华传统文化

拓展活动

"楚汉之争""田横五百士"的故事里塑造了很多各具特色的人物，尤其是田横五百士等非常有气节的忠义之士给人深刻印象。我们可以从中得到很多的启发，请大家拓展阅读，说说得到的启示。

参考文献：《史记·田儋列传》

第二单元 齐风韶韵

齐地音乐内容非常丰富。《战国·齐策》描写临淄居民"甚富而实,其民无不吹竽、鼓瑟、击筑、弹琴……"《诗经·国风》有十一首"齐风",齐国的优秀歌手绵驹,史称"绵驹居高唐,齐右善歌",民间女歌唱家韩娥"余音绕梁,三日不绝"。有"三代遗声"之誉的韶乐是齐国音乐的精华,传说是舜帝时的乐舞。韶乐演奏时,乐工用五彩羽毛作装饰,扮成各种类型的飞鸟,翩翩起舞,款款而歌。以至于孔子耳闻目睹之后,竟然"三月不知肉味"。

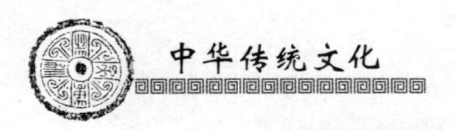

第5课　齐地神话

齐地滨海多山。大山的峻伟幽深，云缠雾绕；大海的浩瀚无垠、蜃楼奇观，都是齐人的崇拜对象。山海崇拜的合一，人们对长寿和永生的追求，"大小九州"学说的出现，为海山仙话的出现准备了成熟的条件……

蓬莱

海山仙话的产生

战国时期，齐人的物质生活非常优裕，他们热爱现实生活，珍惜自己的宝贵生命，于是产生了强烈的追求长生不死的心理需求。

然而，列国的兼并战争，又使齐人对暂时的安逸产生了深深的焦虑，使他们感到人生无常，世俗不安。

在这两种心理的交互支配下，他们便展开丰富想象的翅膀，飞翔于齐地的山海之间和更为遥远的地方，遨游于空灵美妙的精神空间，于是产生了令人神往的海山仙话。当海山仙话一旦产生之后，便以席卷之势，盛行于古燕齐大地了。

三神山

《史记·封禅书》记载："自威、宣、燕昭使人入海求蓬莱、方丈、瀛洲三神山者，其传在渤海中，去人不远。患且至则船风引而去。盖尝有至者，诸仙人及不死之药皆在焉。其物禽兽皆白，而黄金银为宫阙。未至，望之如云；及到，三神山反居水下。"

齐人认为，东海上有"三神山"，蓬莱、方丈、瀛洲。神山上面的禽兽和物品都是白色的，宫阙都由黄金、白银建造而成。更奇妙的是山上有不死之药，食之可以长生不老。仙人居其上。在还没有到达神山时，远远望去，它们像是浮云一样漂浮在那里；等一旦到达时，它们反而沉入海水下面；待要靠近它们时，大风就常常把它们吹走，所以很难登上神山。

《山海经》记载，海上有三座仙山，蓬莱、瀛洲、方丈，山上是仙境，有长生不老药。蓬莱海域常出现的海市蜃楼奇观，更激发了人们寻仙求药的热情，秦皇、汉武等古代帝王纷纷到蓬莱开始了寻仙活动。《史记·秦始皇本纪》载："齐人徐市等上书，言海中有三神山，名曰蓬莱、方丈、瀛洲。"

五神山

后来，齐人又把"三神山"推演成"五神山"。"五神山"在渤海之中数亿里之深处，每座神山各三万里，五山之间相距七万里，山上的果实很甘甜，食之便永驻青春。神通广大的仙人自由自在地飞行于五山之间。

关于五神山的说法，《列子·汤问》这样讲，"渤海之东，不知几亿万里……其中有五山焉：一曰岱舆，二曰员峤，三曰方壶，四曰瀛洲，五曰蓬莱……而五山之根，无所连箸，常随潮波上下往返"。

在渤海的东面不知几亿万里的地方……那里有五座山：第一座叫岱舆山，第二座叫员峤山，第三座叫方壶山，第四座叫瀛洲山，第五座叫蓬莱山……五座山的根部并不相连，经常跟随潮水的波浪上下移

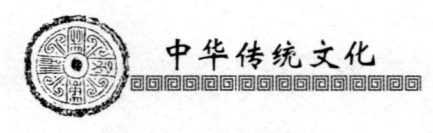

动，不能有一刻稳定……山上居住的仙人们整日忧虑恐慌，便禀告了天帝。天帝担心这五座山流到最西边去，使众多的仙人失去居住的地方，于是命令禹强指挥十五只大鳌抬起脑袋把这五座山顶住。分为三班，六万年一换。这五座山才开始稳定下来不再流动，但是，龙伯之国有个巨人，抬起脚没走几步就到了这里，一钩就钓上了六只巨鳌，合起来背上就回到了他们国家，然后烧的大鳌的骨头来占卜吉凶。于是神山失去负载，岱舆和员峤二山便沉入大海，打这以后五神山便流传成了蓬莱、方丈、瀛洲三座神山了。

对于沉寂于大海之中的岱屿、员峤二山，后人深感惋惜，于是写诗追悼、歌咏者不绝于世。唐朝人张说的诗咏中就包含了这种情怀，诗云："海上三神山，逍遥集众仙。灵心岂不同，变化无常全。龙伯如人类，一钓两鳌连。金台此沦没，玉真时播迁。"

方士文化现象

这一美妙的海山仙话，本来是齐人的虚构，然而一旦虚构出来后，便成了齐人孜孜以求的理想国。因为它解决的不是人们死后灵魂的归宿问题，而是把长生的希望由死后的灵魂不灭带回到了现实。这怎么能不叫人心动神往呢？所以，这一宗教学说在东部的海滨赢得了广泛的信徒，这些信徒被称为"方士"。据《史记·封禅书》说："燕齐海上方士"竟多到"不可胜数"。

自从齐威王、齐宣王、燕昭王派方士到海上寻找蓬莱、方丈、瀛洲诸神山，寻求仙人仙药始，秦始皇、汉武帝一次次掀起寻仙觅药高

潮。其间，方士上下驰说，纵横捭阖，把燕、齐大地甚或全国搅得沸沸扬扬，形成一种突出的方士文化现象。

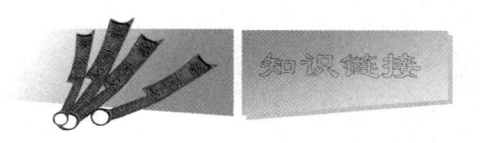

知识链接

八仙过海

相传白云仙长有回于蓬莱仙岛牡丹盛开时，邀请八仙及五圣共襄盛举，回程时铁拐李建议不搭船而各自想办法，就是后来"八仙过海、各显神通"的起源。后来，人们用这个典故比喻依靠自己的特别能力而创造奇迹的事。

八仙为汉钟离、张果老、韩湘子、铁拐李、吕洞宾、何仙姑、蓝采和及曹国舅。

这天，八仙兴高采烈地来到蓬莱阁上聚会饮酒。每人准备一道菜，加工成拼盘、热菜和热汤。拼盘各自用自己的宝物拼成图案，造形生动别致；热菜更为精致，呈现蓬莱多处名胜，巧夺天工；热汤味道鲜美奇特。

酒至酣时，铁拐李意犹未尽，对众仙说："都说蓬莱、方丈、瀛洲三神山景致秀丽,我等何不去游玩？"众仙齐声附和。吕洞宾说："我等既为仙人，今番渡海不得乘舟，只凭个人道法，意下如何？"众仙欣然赞同，一齐弃座动身而去。

八仙雕塑

中华传统文化

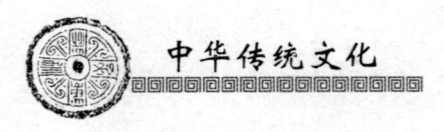

　　八位仙人聚到海边，个个亮出自己的法宝。逍遥闲散的汉钟离，把手中的芭蕉扇甩开，扇子大如蒲席，他醉眼惺忪地跳到扇子上，悠哉游哉地向大海深处漂去。清婉动人的何仙姑，将荷花往海里一放，顿时红光四射，花像磨盘，仙姑亭亭玉立，风姿迷人。吟诗行侠的吕洞宾、倒骑毛驴的张果老、隐迹修道的曹国舅、振靴踏歌的蓝采和、巧夺造化的韩湘子、借尸还魂的铁拐李纷纷将宝物扔入海中。瞬间，百舸争流，各显神通，悠然地遨游在万顷碧波之中。

　　八仙遨海，顿时海面如翻江倒海，震动了东海龙王的宫殿。东海龙王急派虾兵蟹将出海查巡，方知是八仙兴海所为。他勃然大怒，率兵干涉。八仙据理力争，东海龙王下令将抢走蓝采和。蓝采和因寡不敌众，被抓住关进龙宫。众仙与龙王打起一场恶战。众仙连斩东海龙王两个龙子，吓得虾兵蟹将魂飞魄散。东海龙王怒不可遏，急忙请来南海、北海、西海龙王，不制服众仙誓不罢休。恰巧南海观音经过，便出面制止，东海龙王放出蓝采和。八仙拜别观音，各持宝物，乘风破浪遨游而去。

　　同学们还了解哪些齐地神话？课下搜集资料，讲一讲，说一说。看谁搜集得多？

参考文献：《齐文化发展史》，宣兆琦，兰州大学出版社2002年版。

第6课 古诗二首《诗经·齐风》二则

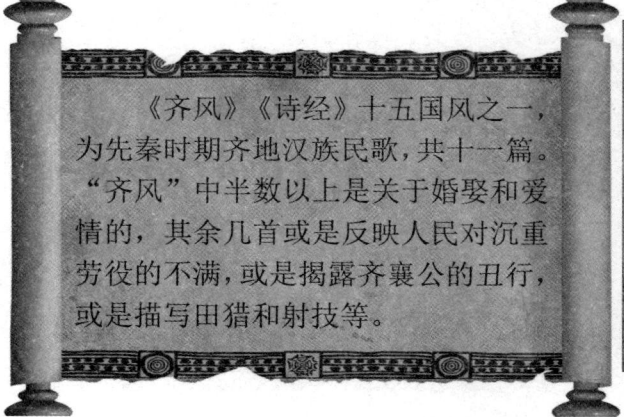

《齐风》《诗经》十五国风之一，为先秦时期齐地汉族民歌，共十一篇。"齐风"中半数以上是关于婚娶和爱情的，其余几首或是反映人民对沉重劳役的不满，或是揭露齐襄公的丑行，或是描写田猎和射技等。

经典诵读

诗经·齐风·还

子之还[1]兮，遭我乎峱[2]之间兮。
并驱从两肩[3]兮，揖[4]我谓我儇[5]兮。
子之茂[6]兮，遭我乎峱之道兮。
并驱从两牡[7]兮，揖我谓我好兮。
子之昌[8]兮，遭我乎峱之阳[9]。
并驱从两狼兮，揖我谓我臧[10]兮。

注释

[1]还：轻快敏捷的样子。

[2]峱：音挠(náo)，齐国山名，在今山东临淄区南。

[3]并驱：并驾齐驱。从：追逐。肩：借为"豜(jiān 肩)"，大兽。《毛传》："兽三岁为肩，四岁为特。"

[4]揖：作揖。

[5]儇：音宣(xuān)，轻捷，灵巧。《毛传》："儇，利也。"

[6]茂：美，指善猎。《毛传》："茂，美也。"

[7]牡：雄兽。

[8]昌：强有力。《郑笺》："昌，佼好貌。"

[9]阳：山的南边。

[10]臧（zāng）：善，好。

赏析

译文：你真敏捷技艺娴，与我相遇峱山间。并驾追赶两大兽，拱手夸我多灵便。

你的身材真美好，与我相遇峱山道。并驾追赶两雄兽，拱手夸我技艺高。

你的身材真健壮，与我相遇峱山阳。并驾追赶两条狼，拱手夸我技艺强。

《还》描写两位猎人在峱山相遇，并驾齐驱，一同捕猎，相互赞美，表现出勇武中的礼貌风气。诗写猎兽，二人只是偶然相遇，并无争逐，还作揖相赞，或者正是诗人力赞的精神。本诗不用比兴，三章诗全用"赋"，以猎人自叙的口吻，真切地抒发了他猎后暗自得意的情怀。三章叠唱，意思并列，每章只换四个字，但却很重要，起到了文义互足的作用。

诗经·齐风·东方之日

东方之日[1]兮，彼姝[2]者子，在我室兮。在我室兮，履[3]我即[4]兮。
东方之月兮，彼姝者子，在我闼兮。在我闼[5]兮，履我发[6]兮。

注释

【题解】一位女子追求一位男子，和他形影不离。

[1]东方之日：《通释》："古人喻人颜色之美，多取譬于日月。"

[2]姝（shū）：貌美。《郑笺》："有姝姝美好之子，来在我室。"

[3]履（吕 lǚ）：蹑，放轻（脚步）。

[4]即：通"膝"。亲近。

[5]闼（踏 tà）：内室。《毛传》："闼，门内也。"

[6]发：足，脚。走去，指蹑步相随。

赏析

译文：太阳升起在东方。有一位姑娘真漂亮，进我家门在我房。进我家门在我房，踩在我的膝头上。

月亮升在东方天。有位姑娘真娇艳，来到我家门里边。来到我家门里边，踩在我的脚跟前。

《东方之日》，《诗经·齐风》的一篇。为先秦时期齐地汉族民歌。全诗二章，每章五句。这是反映男女幽会的诗。两章诗写一位颜色皎洁如日月的美丽姑娘，多次主动前来找"我"欢会，表现了对情爱的大胆追求。这首诗以"东方之日""东方之月"象征女子的美貌，对后世诗文创作有明显影响。如曹植《洛神赋》写洛神似见非见"仿佛兮若轻云之蔽月"。

知识链接

《诗经》是中国历史上最早的诗歌总集。据说，原来《诗经》共有 3000 多首，经过孔子修订删减为 305 首。《诗经》分为"风""雅""颂"三部分。"风"是带有地方色彩的民间乐歌，共 160 篇。"雅"分为《小雅》和《大雅》，是宫廷乐歌，共 105 篇。"颂"包括

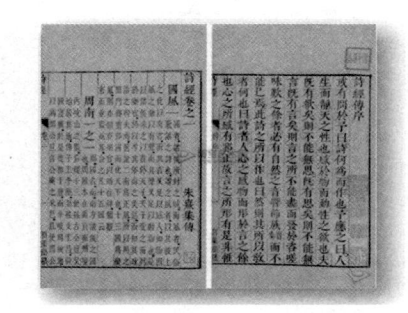

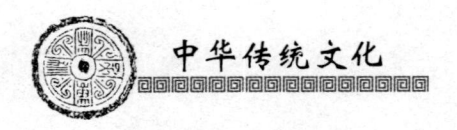

《周颂》《鲁颂》《商颂》，是用于宗庙祭祀的乐歌和舞歌，共 40 篇。

拓展活动

　　赋、比、兴是《诗经》的主要创作手法。赋就是铺陈直叙，即直接描述事物，如《国风·豳风·七月》；比就是打比方，即以彼物比喻此物，如《国风·魏风·硕鼠》；兴就是"起兴"，即借助其他事物为所咏之内容做铺垫，如《国风·周南·桃夭》。

　　请从《诗经》中找出上述三首诗歌，读一读，体会赋、比、兴三者的艺术表现手法。

第7课　音乐理论　荀子《乐论》节选

春秋战国时期儒家学派出现了多位集大成的人物，除了孔子这位儒学的创始人，其中荀子是继孔子后的一位先秦哲学灵魂人物，他的论著《乐论》全面而系统地记叙了音乐与礼教、政治、纲常的关系，其观点博采众长，别出心裁，对后世有深刻的启示意义。

荀子像

经典诵读

荀子《乐论》节选

夫乐（yuè）者，乐（lè）也[1]，人情之所必不免也。故人不能无乐（lè）；乐（lè）则必发于声音，形于动静；而人之道[2]——声音、动静、性术之变，尽是矣。故人不能不乐（lè），乐（lè）则不能无形，形而不为道[3]，则不能无乱。先王恶其乱也，故制《雅》、《颂》之声以道（dǎo）之[4]，使其声足以乐（lè）而不流，使其文足以辨而不諰（xǐ）[5]，使其曲直、繁省、廉肉、节奏[6]，足以感动人之善心，使夫邪污之气无由得接焉。是先王立乐（yuè）之方也，而墨子非之，奈何？

注释

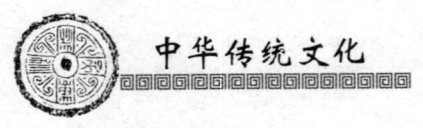

[1] 乐者，乐也，这是用同形字来解释字义。

[2] 而：犹"则"。人之道：指人之所为。

[3] 道：同"导"，引导。

[4] 《雅》、《颂》：《诗经》中的两类乐曲。"雅"是正的意思。《雅》就是朝廷的正声雅乐，分为《大雅》和《小雅》两种。"颂"即"容"，指舞蹈时的容貌。《颂》是宗庙祭祀的舞曲，分为《周颂》（周朝的）、《鲁颂》（鲁国的）、《商颂》（商的后代宋国的）三种。

[5] 辨：通"辩"，孔颖达释为"谈论义理"。諰：边思边说，引申为暗藏心机的花言巧语。

[6] 廉肉、节奏：指音乐的停顿和行进。

译文

音乐，就是欢乐的意思，它是人的情感绝对不能缺少的东西。人不可能没有欢乐；欢乐了就一定会在歌唱吟咏的声音中表现出来，在手舞足蹈的举止中体现出来；可见人的所作所为——包括声音、举止、性情及其表现方式的变化，就全都体现在这音乐之中。所以，人不可能不快乐，快乐了就不可能不表现出来，但这种表现如果不进行引导，就不可能没有祸乱。古代的圣王憎恶那祸乱，所以创作了《雅》《颂》的音乐来引导他们，使歌声足够用来表达快乐而不淫荡，使那歌词足够用来阐明正确的道理而不流于花巧，使那音律的宛转或舒扬、繁复或简单、清脆利落或圆润丰满、节制停顿或推进加快，都足够用来感动人的行善之心，使那些邪恶肮脏的风气没有途径能和民众接触。这就是古代圣王设置音乐的原则。但是墨子却反对音乐，又能怎么样呢？

走进齐文化 九

故乐在宗庙之中，君臣上下同听之，则莫不和敬；闺门之内，父子兄弟同听之，则莫不和亲；乡里族长之中[1]，长少同听之，则莫不和顺。故乐者，审一以定和者也[2]，比物以饰（chì）节者也[3]，合奏以成文者也；足以率一道[4]，足以治万变[5]。是先王立乐之术也。而墨子非之，奈何？

注释

[1]乡里族长：都是古代的行政区域单位。此文"乡里族长"泛指乡村里弄。

[2]一：指五音（宫、商、角、徵、羽，相当于现代简谱中的1、2、3、5、6）中作为主音的一个音。和：指五音中除主音以外用来应和主音的其他音。审一以定和：古代的宫、商、角、徵（zhǐ）、羽虽然没有绝对音高，但有相对音高，只要其中一个音的音高确定了，其他各级音高也就确定了。

[3]比：并列，配合。物：指乐器。饰：通"饬"，整治。

[4]一道：治理社会的总原则，包括君臣上下"和敬"、父子兄弟"和亲"、长少"和顺"的种种原则。

[5]万变：指上文所说的"声音、动静、性术之变"。

译文

所以音乐在祖庙之中，君臣上下一起听了它，就再也没有人不和谐恭敬的了；在家门之内，父子兄弟一起听了它，就再也没有人不和睦相亲的了；在乡村里弄之中，年长的和年少的一起听了它，就再也没有人不和协顺从的了。音乐，是审定一个主音来确定其他和音的，是配上各种乐器来调整节奏的，是一起演奏来组成众音和谐的乐曲的；它足能用来率领统一的原则，足能用来整治各种变化。这就是古代圣王设置音乐的方法啊。可是，墨子却反对音乐，又能怎么样呢？

赏析

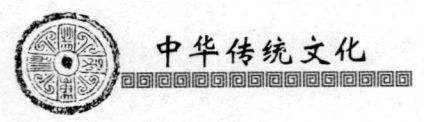

本篇节选论述了音乐的起源及其社会作用，批判了墨子反对音乐的主张。荀子认为，音乐是人情的一种必然需要，它是必不可少的。它不但可以表现人的感情，从而得到娱乐，而且具有"入人也深""化人也速"的强大感染力，因而可以"移风易俗"。如果对音乐放任自流，那么邪音就会搞乱社会。所以统治者必须制定正声雅乐来加以引导，使它能"感动人之善心"，从而使它为巩固统治服务。

知识链接

荀子性恶论

荀子，名况，字卿。生活在战国后期，这时先秦哲学达到了总结阶段，地主和农民的矛盾逐渐尖锐化了，诸候割据的局面聚中化，频繁的兼并战争给人民带来了很大的痛苦。荀子经历了赵国内部的兴衰，荀子一直在赵国却未被任用，因为赵惠文王身边武臣有廉颇，文臣有蔺相如。公元276年左右，荀子50岁时，赵国屡屡遭受秦国攻击，国内又有瘟疫大肆流行，固而到稷下学宫讲学。齐襄王末年，齐国有人挑拨离间，排挤荀子。公元265年荀子便回赵国，但仍未被任用，于是游说秦国，但不被采纳其政治主张。

荀子反对孟子的性善论，宣扬性恶论。荀子所谓"性"指"生之所以然者"，即是生来就有的特性，故说性，是天赋予人的本能。人的本性让人生而好利，所以就产生争夺斗争，失去了礼义辞让等修为，奸诈阴险产生，不再忠信于人。人生而有耳目之欲，放纵了它就滋生出犯理乱伦之事，礼义就失去了，如果让人顺着人的本性去放纵，必然会产生恶事，所以要师法智者，修礼义之道，合乎礼，古者圣王制法度起礼仪就是因为人之性偏险不正，修文德以引导人矫饰人之性情。因此"辞让""忠信""礼义文理"是不属于自然本性，而"好利""好声色""疾恶"以及"偏险""悖乱"皆出于本性恶。

荀子认为，善在人们的本性中是没有的，人不可能一生下来就符合封建的道德规范和政治治度，人性是恶的，就需要圣人、君子们对臣民的教化，需要用礼仪法度和道德规范去引导人们。

拓展活动

读一读荀子的名言，感受一下其中蕴含的人生哲理。

不登高山，不知天之高也；不临深溪，不知地之厚也；不闻先王之遗言，不知学问之大也。——《劝学》

骐骥一跃，不能十步；驽马十驾，功在不舍；锲而舍之，朽木不折；锲而不舍，金石可镂。——《劝学》

中华传统文化

第8课　艺海拾贝《邹忌弹琴论政》

出自《史记·田敬仲完世家第十六》

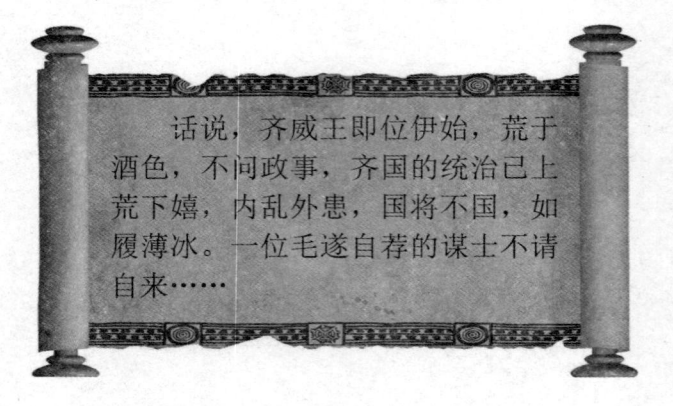

话说，齐威王即位伊始，荒于酒色，不问政事，齐国的统治已上荒下嬉，内乱外患，国将不国，如履薄冰。一位毛遂自荐的谋士不请自来……

邹忌像

经典诵读

邹忌子[1]以鼓琴见威王，威王说而舍之右室。

邹忌子曰："夫大弦浊以春温者，君也；小弦廉折以清者，相也；攫之深，醳之愉者，政令也；钧谐以鸣，大小相益，回邪而不相害者，四时也[2]：吾是以知其善也。"王曰："善语音。"邹忌子曰："何独语音，夫治国家而弭[3]人民皆在其中。"

王又勃然不说曰："若夫语五音之纪，信未有如夫子者也。若夫治国家而弭人民，又何为乎丝桐之间[4]？"

邹忌子曰："夫大弦浊以春温者，君也；小弦廉折以清者，相也；攫之深而舍之愉者，政令也；钧谐以鸣，大小相益，回邪而不相害者，四时也。夫复而不乱者，所以治昌也；连而径者，所以存亡也：故曰琴音调而天下治。[5]夫治国家而弭人民者，无若乎五音者[6]。"

王曰："善。"

注释

[1]《邹忌说琴谏齐王》出自《史记·田敬仲完世家第十六》。邹忌（约公元前385年至公元前319年），战国时齐国大臣。以鼓琴游说齐威王，被任相国，封于下邳（今江苏邳县西南），称成侯。齐威王（公元前356年至公元前320年），中国战国时期齐国国君。妫姓，田氏，名因齐，田齐桓公田午之子。公元前356年继位，在位36年。以善于纳谏用能，励志图强而名著史册。君臣之间这段故事成为千古佳话。

[2]译文：大弦缓慢并且温和，这是象征国君，小弦高亢明快并且清亮，这是象征宰相，手指勾弦用力，放开舒缓，象征政令，发出的琴声和谐，大小配合美妙，曲折不正之声不相干扰，象征四时。

[3]弭：安抚。

[4]何为乎丝桐之间：如果是治理国家和安抚人民，又怎么能在琴弦之中呢？

[5]译文：回环往复而不乱，是由于政治昌明；连贯而轻快，是由于保了将亡之国。所以说琴音调谐就能保天下太平。

[6]无若乎五音：没有比五音的道理更相像的了。

成侯邹忌

中华传统文化

赏析

邹忌以弹琴喻治国，给齐威王提出建议：首先不可弃琴不弹，其次要多弦并弹。继而建议威王从此从远离声色、选贤任能、兴利除弊、整顿军备、安抚百姓五个方面入手。谈到最后，齐威王治国兴致高涨，决心以后要勤政为民、振兴齐国。他对邹忌的开导十分感激，同时对邹忌的才华大为欣赏，于是拜邹忌为相。邹忌辅佐齐威王推行改革，使得齐国国力日益强盛。

邹忌鼓琴拜相的故事在历史上传为美谈，后人感慨他的才智与胆识。

故事链接

邹忌比美劝齐王纳谏

一天早晨，邹忌穿戴完毕之后，照着镜子问妻子："我和城北徐公相比，谁更美呢？"妻子说："您美多了，徐公哪里比得上您？"他又去问他的爱妾，妾回答说："徐公不如您美！"这天，家里来了一位客人，邹忌又把这个问题拿来问他，那位客人毕恭毕敬地说："徐公的确不如您美。"

第二天，正巧城北徐公来拜会邹忌。邹忌细细打量徐公，不禁对徐公的美貌暗暗惊叹。然后他对着镜子看自己，觉得自己实在远不如徐公美，可为什么所有人都说徐公不如他呢？

晚上，邹忌躺在床上仔细考虑这个问题。他终于明白：妻子说我比徐公美，是偏爱我；爱妾说我比徐公美，是惧怕我；客人说我比徐公美，是对我有所求。

第二天，邹忌觐见齐威王，说："臣本来比不上城北的徐公那么俊美，但臣的妻子偏爱臣，臣的小妾惧怕臣，臣的客人有求于臣，所以他们都说臣比徐公美。我们齐国幅员千里，有一百二十座城池。宫廷上下没有不偏爱大王的，满朝大臣没有不惧怕大王的，全国百姓没有不希望得到大王的恩惠的。由此可以推测，您太容易受到蒙蔽了。"

齐威王听了恍然大悟，马上颁布命令："从今往后，无论是谁，凡是敢在我面前指出我错误的，我给他上等的赏赐；敢上书批评我的，我给他中等的赏赐；敢在人群聚集处议论我的过失的，只要让我知道，我就给他下等的赏赐。"

这道命令一经颁发，引起了巨大反响，满朝文武纷纷以各种方式向齐威王进言。齐威王贤明纳谏，采取了许多有效措施。齐国各个方面也得到很好的治理，整个国家渐渐兴旺起来。燕国、赵国、韩国、魏国听到这种情况，都到齐国来朝见。这就是所谓"战胜于朝廷"。

拓展活动

说话技巧在人际交往，尤其是在重要的外交关系中，起着举足轻重的作用。历史上有许多像邹忌一样善于思考，勤于政事，能言善辩，敢于进谏的谋士，请同学们讲一讲他们的故事，看谁的积累更丰富。

齐韶乐欣赏

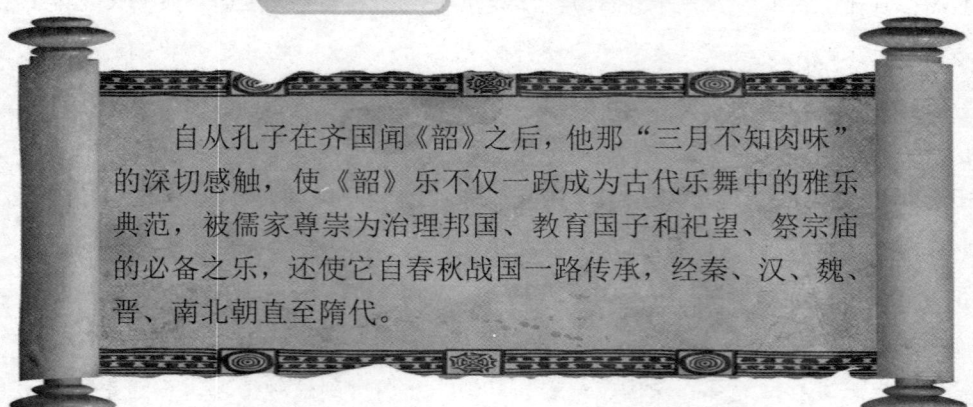

活动探究

自从孔子在齐国闻《韶》之后，他那"三月不知肉味"的深切感触，使《韶》乐不仅一跃成为古代乐舞中的雅乐典范，被儒家尊崇为治理邦国、教育国子和祀望、祭宗庙的必备之乐，还使它自春秋战国一路传承，经秦、汉、魏、晋、南北朝直至隋代。

活动目标

知道"孔子闻韶"的故事，了解韶乐的内涵，感悟韶乐之美，培养学生对音乐的感受能力以及对家乡音乐的热爱之情。

活动方案

1. 学生通过上网等方法查阅相关资料，了解韶乐的基本情况。
2. 在班内举行"韶乐交流会"，将自己查找的资料举行整理、修改，形成完整的认识。
3. 写一篇关于韶乐的欣赏体会。

走进齐文化 九

《韶》乐舞

探究实践

1. 齐《韶》的内容到底是什么？目前众说不一。你能说说你的理解吗？请查找资料做解释。

2. 史上关于闻乐的故齐国《韶》乐历时1118年。齐国《韶》乐以何魅力使知礼通乐的孔子感动得五体投地？又以何故令他由衷地发出如此赞叹与评价？儒家又为何将其尊为雅乐的最高典范？请你课后搜集相关资料。

孔子六艺城：乐厅

中华传统文化

活动延伸

韶乐是我国远古时代的一种高雅乐曲，在距今三千年前的周代初期，就被定为"六乐"之一，为王室专用，春秋时期在齐国更是非常盛行，堪称"中华第一乐章"。据史料记载，孔子曾赞美韶乐"尽美矣，又尽善也！"至今淄博境内还保留着"孔子闻韶处"的石碑，但韶乐却已失传约两千年。请你利用课余时间去探寻孔子闻韶的地方，并说说孔子关于"乐"在治国安邦方面的观点。

第三单元 《管子》文选

《管子》是中国古代的学术典籍之一,先秦诸子时代百科全书式的巨著。是齐相管仲的继承者、学生,收编、记录管仲生前思想、言论的总集。包括儒家、法家、阴阳家、名家、兵家和农家的观点,其中以黄老道家著作最多,其次法家著作十八篇,其余各家杂之。

这部书篇幅宏伟,内容复杂,思想丰富。如《牧民》《形势》等篇讲霸政法术;《侈靡》《治国》等篇论经济生产,此亦为《管子》精华,可谓齐国称霸的经济政策;《七法》《兵法》等篇言兵法;《宙合》《枢言》等篇谈哲学及阴阳五行等;其余如《大匡》《小匡》《戒》《弟子职》《封禅》等篇为杂说。

中华传统文化

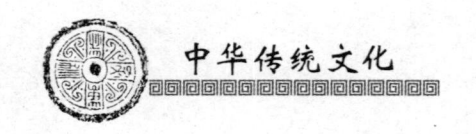

第9课　《形势》节选

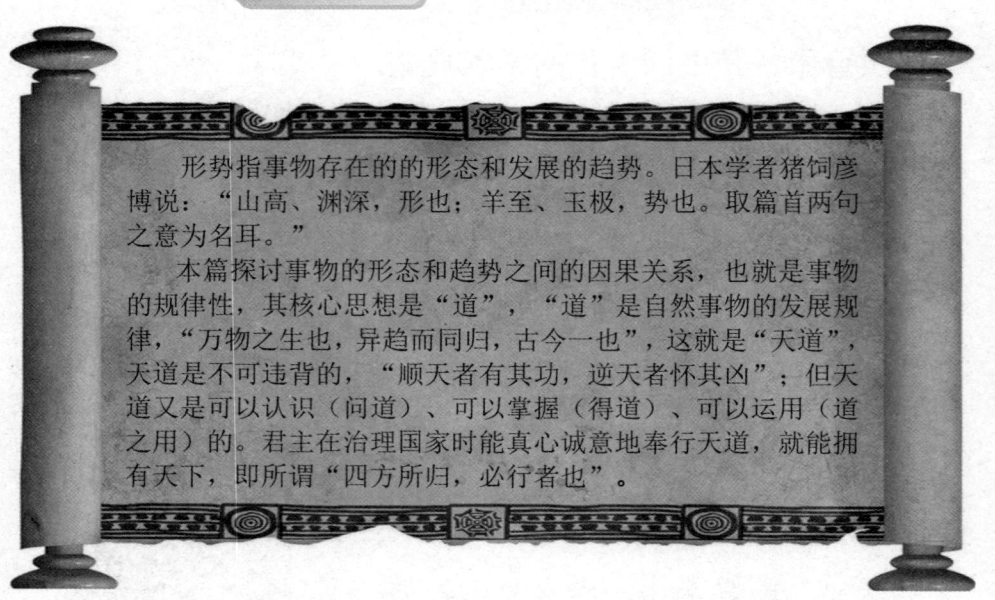

　　形势指事物存在的的形态和发展的趋势。日本学者猪饲彦博说:"山高、渊深,形也;羊至、玉极,势也。取篇首两句之意为名耳。"

　　本篇探讨事物的形态和趋势之间的因果关系,也就是事物的规律性,其核心思想是"道","道"是自然事物的发展规律,"万物之生也,异趋而同归,古今一也",这就是"天道",天道是不可违背的,"顺天者有其功,逆天者怀其凶";但天道又是可以认识(问道)、可以掌握(得道)、可以运用(道之用)的。君主在治理国家时能真心诚意地奉行天道,就能拥有天下,即所谓"四方所归,必行者也"。

经典诵读

　　道之所言者一也[1],而用之者异。有闻道[2]而好为家者,一家之人[3]也;有闻道而好为乡者,一乡之人也;有闻道而好为国者,一国之人也;有闻道而好为天下者,天下之人也;有闻道而好定[4]万物者,天下之配也。道往者其人莫来,道来者其人莫往。道之所设,身之化也。持满[5]天,安危[6]者与人。失大之度,虽满必涸[7];上下不和,虽安必危。欲王天下而失天之道,天下不可得而王也。得天之道,其事若自然;失天之道,虽立不安。其道既得,莫知其为之,其功既

管仲石刻像

成；莫知其释[8]之，藏之无形。大之道也，疑今者察之古[9]，不知来者视之往。万事之生也，异趣[10]而同归，古今一也。

注释

[1]道之所言：指道的基本内容。

[2]闻道：认识了道。为：治理。

[3]一家之人：治家的人才。

[4]定：安定，支配。

[5]持满：保持强盛。与天：顺从天道。

[6]安危：安定危亡。与人：顺从人心。

[7]涸：干涸，衰败。

[8]释：舍，离开。

[9]察之古：考察古代。

[10]趣：同"趋"。

注释

道的基本内容是一样的，但运用起来则各有不同。有的人懂得道而能治家，他便是治家的人才；有的人懂得道而能治乡，他便是治乡的人才；有的人懂得道而能治国，他便是一国的人才；有的人懂得道而能治天下，他便是天下的人才；有的人懂得道而能使万物各得其所，那他便和天地一样伟大了。失道者，人民不肯来投；得道者，人民不肯离去。道之所在，自身就应该与之同化。凡是始终保持强盛的，就因为顺从天道；凡是能安危存亡的，就因为顺从人心。违背天的法则，虽然暂时丰满，最终必然枯竭；上下不和，虽然暂时安定，最终也必然危亡。想要统一天下而违背天道，天下就不可能被他统一起来。掌握了天

管仲纪念馆

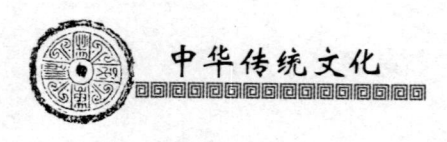

道，成事就很自然；违背了天道，虽然成功也不能保持。已经得道的，往往不觉察自己是怎样做的；已经成功了，往往又不觉察道是怎样离开的。就好像隐藏起来而没有形体，这就是"天道"。但是，对当今有怀疑则可以考察古代，对未来不了解，则可以查阅历史。万事的本性，内容虽有不同，但根本规律相同，古往今来都是一样的。

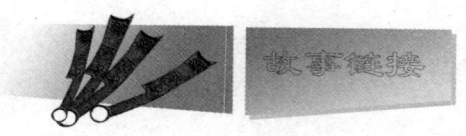

管仲到楚国买鹿

管仲把齐国治理得很好，征服了许多割据一方的诸侯国，辅助齐桓公当上了中原的霸主，这时，唯有南方的楚国不听齐国的号令。齐桓公决定征服楚国，统一华夏。

怎样征服楚国呢？当时，齐国有好几位大将军纷纷向齐桓公请战，要求率重兵去攻打楚国，用武力让楚国臣服。担任相国的管仲却连连摇头，说："齐楚交战，旗鼓相当，我们一时很难打败他。这样，一方面就会把我们辛辛苦苦积蓄下来的粮草用光；另一方面两国的老百姓都会因此遭受更大的灾难。"一番话把大将军们说得哑口无言。

管仲说完，便带大将军们看炼铜去了。他们都不知道管仲这时已经想好了征服楚国的办法了。

一天，管仲派一百多名商人到楚国去购买鹿。当时的鹿是比较稀少的动物，只有楚国才有，但人们只把鹿作为一般可以吃的动物看待，二枚铜币就可以买一头。管仲派去的商人在楚国到处散布言论："齐桓公好鹿，不惜重金。"

楚国的商人见有利可图，纷纷加紧购买鹿，最初三枚铜币一头，过了十几天，加价为五枚铜币一头。楚成王和楚国大臣知道这件事后，都非常兴奋。他们认为，繁荣昌盛的齐国马上就要遭殃了，因为十年前卫懿公因为喜欢鹤而亡了国，齐桓公好鹿是蹈其覆辙。于是，楚成王和大臣们在宫殿里宴饮，等待齐国大伤元气，他们好坐得天下。

这时，管仲却把鹿价又提高到40枚铜币一头。

楚人见一头鹿的价钱与数千斤粮食相同，于是纷纷放下农具，都上山捕鹿去了，连楚国的官兵也停止训练，偷偷把兵器换成捕猎的工具，也跟着上山了。

一年时间，楚国的田地大多数都荒芜了，铜币却堆积成山。

楚人想用铜币去买粮食，却没有地方买。因为，这时管仲已发出号令，禁止各诸侯国与楚通商买卖粮食。

这样一来，楚军人饥马瘦，战斗力一下子降低了一大截。管仲见时机已到，马上集合八路诸侯，浩浩荡荡，开往楚国。楚成王内外交困，无可奈何，只好派大臣求和，同意不再割据一方，保证接受齐国的号令。

管仲不动一刀，不杀一人，就这样制服了本来很强大的楚国。

拓展活动

我们已经从古代文学文化作品中不止一次接触到了"道"，请你把能记住的"道"列举几例并分析其内涵。

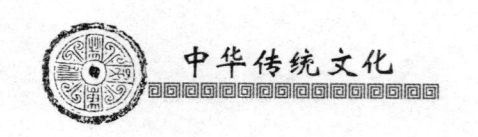

第10课　《君臣上》节选

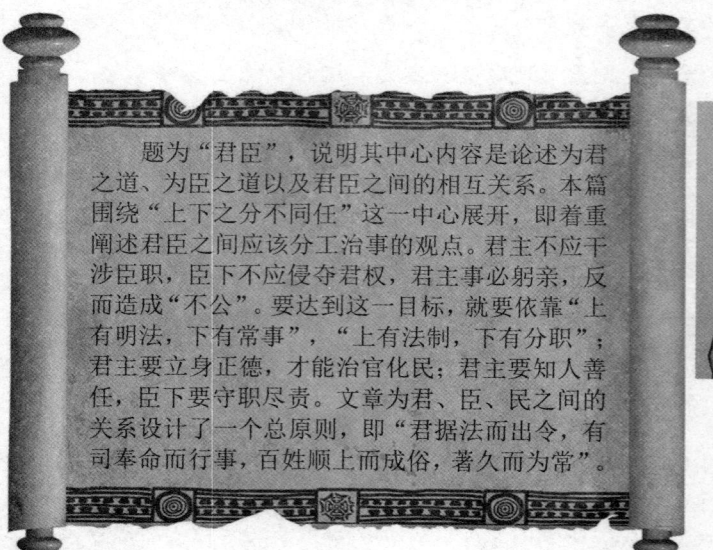

题为"君臣",说明其中心内容是论述为君之道、为臣之道以及君臣之间的相互关系。本篇围绕"上下之分不同任"这一中心展开,即着重阐述君臣之间应该分工治事的观点。君主不应干涉臣职,臣下不应侵夺君权,君主事必躬亲,反而造成"不公"。要达到这一目标,就要依靠"上有明法,下有常事","上有法制,下有分职";君主要立身正德,才能治官化民;君主要知人善任,臣下要守职尽责。文章为君、臣、民之间的关系设计了一个总原则,即"君据法而出令,有司奉命而行事,百姓顺上而成俗,著久而为常"。

管子像

经典诵读

是故知善,人君也;身善,人役也[1]。君身善,则不公矣。人君不公,常惠于赏,而不忍于刑,是国无法也。治国无法,则民朋党而下比,饰巧以成其私。法制有常,则民不散而上合,竭情以纳其忠。是以不言智能,而顺事治、国患解,大臣之任也[2]。不言于聪明[3],而善人举,奸伪诛、视听者众也。

注释

[1]"身善"二句:郭沫若云:"身犹躬,身善言事必躬亲。"
[2]"而顺"三句:郭沫若云:"'大臣之任'者'大臣是任'也。""顺事治"当是"朝事治"……译文从之。
[3]于:张文虎云:"于,字衍。"

译文

知人善任的应该是君主，事必躬亲的应该是臣子。如果君主事必躬亲，执政就会不公。君主不公正，常常喜爱行赏，而不忍用刑，这样国家就没有法制。治国不用法制，百姓就在下结党成派，巧诈营私；国家法治常备，百姓就不搞党派，对上尽心效忠。因此，君主不耍弄自己的智能，就能朝事得以治理，国患得以解除，这是任用了大臣的缘故；君主不耍弄自己的聪明，就能使能人得以举用，奸伪得以诛杀，这是监察国政者众多的缘故。

赏析

以上节选的文字着重论述了作为一名君主应该如何去做，即知人善任、执法严明；不要耍弄自己所谓的智能，而要借助大臣和贤能的智慧。

知识链接

管仲变法的主要措施

行政方面

划分和整顿行政区划和机构，把国都划分为六个工商乡和十五个士乡，共二十一个乡。十五个士乡是齐国的主要兵源。齐桓公自己管理五个乡，上卿国子和高子各管五个乡。把国政分为三个部门，制订三官制度。官吏有三宰。工业立三族，商业立三乡，川泽业立三虞，山林业立三衡。郊外三十家为一邑，每邑设一司官。十邑为一卒，每卒设一卒师。十卒为一乡，每乡设一乡师。三乡为一县，每县设一县师。十县为一属，每属设大夫。全国共有五属，设五大夫。每年初，由五属大夫把属内情

管仲墓

况向齐桓公汇报，督察其功过。于是全国形成统一的整体。

军事方面

管仲强调寓兵于农，规定国都中五家为一轨，每轨设一轨长。十轨为一里，每里设里有司。四里为一连，每连设一连长。十连为一乡，每乡设一乡良人，主管乡的军令。战时组成军队，每户出一人，一轨五人，五人为一伍，由轨长带领。一里五十人，

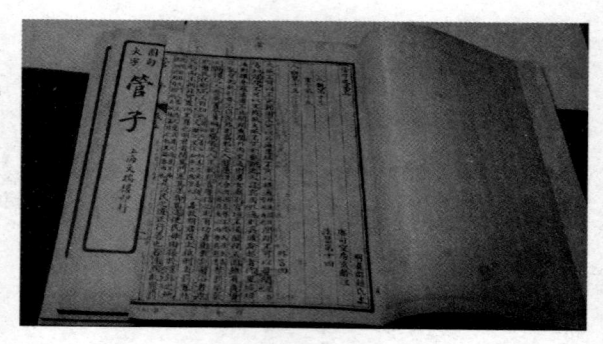

《管子》拓印本

五十人为一小戎，由里有司带领。一连二百人，二百人为一卒，由连长带领。一乡二千人，二千人为一旅，由乡良人带领。五乡一万人，立一元帅，一万人为一军，由五乡元帅率领。齐桓公、国子、高子三人就是元帅。这样把保甲制和军队组织紧密结合在一起，每年春秋以狩猎来训练军队，于是提高了军队的战斗力。同时又规定全国百姓不准随意迁徙。人们之间团结居住，做到夜间作战，只要听到声音就能辨别出是敌我；白天作战，只要看见容貌，大家就能认识。为了解决军队的武器问题，规定犯罪可以用盔甲和武器来赎罪。犯重罪，可用甲与车戟赎罪。犯轻罪，可以用值与车戟赎罪。犯小罪，可以用铜铁赎罪。这样可补充军队的装备不足。

经济方面

管仲提出"相地而衰"的土地税收政策，就是根据土地的好坏不同，来征收多少不等的赋税。这样使赋税负担趋于合理，提高了人民的生产积极性。又提倡发展经济，积财通货，设"轻重九府"，观察年景丰歉，人民的需求，来收散粮食和物品。又规定国家铸造钱币，发展渔业、盐业，鼓励与境外的贸易，齐国经济开始繁荣起来。由于管仲推行改革，齐国出现了民足国富、社会安定的繁荣局面，齐桓公对管仲说："现在我们国富民强，可以会盟诸侯了吧？"管仲谏阻道："当今诸侯，强于齐者甚众，南有荆楚，西有秦晋，然而他们自逞其雄，不知尊奉周王，所以不能称霸。周王室虽已衰微，但仍是天下共主。东迁以来，诸侯不

去朝拜，不知君父。您要是以尊王攘夷相号召，海内诸侯必然望风归附。"管仲说的"尊王攘夷"，就是尊重周朝王室，承认周天子的共同领袖的地位；联合各诸侯国，共同抵御戎、狄等部族对中原的侵扰。攘夷于外，必须尊王。尊王成为当时一面正义旗帜。

拓展活动

请同学们结合当今中国的依法治国，谈谈管子治国方法的可取之处。

第11课 《水地》节选

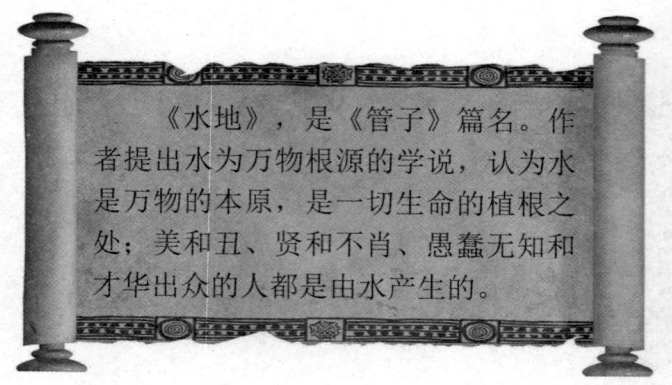

《水地》，是《管子》篇名。作者提出水为万物根源的学说，认为水是万物的本原，是一切生命的植根之处；美和丑、贤和不肖、愚蠢无知和才华出众的人都是由水产生的。

经典诵读

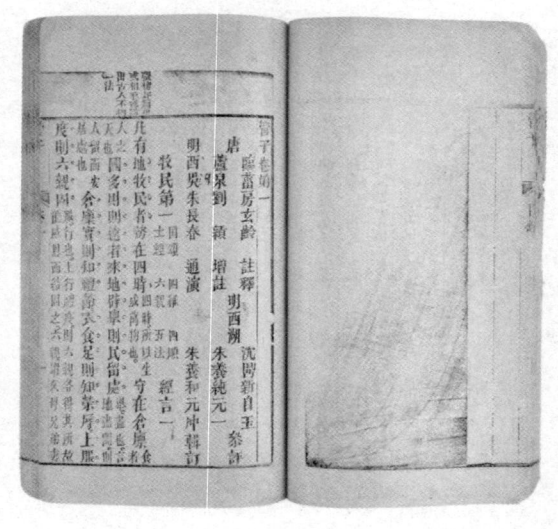

《管子》

地者，万物之本原，诸生之根菀也[1]；美恶、贤不肖、愚俊之所生也。水者，地之血气，如筋脉之通流者也。故曰水，具材也[2]。

何以知其然也？曰：夫水淖弱以清[3]，而好洒人之恶，仁也。视之黑而白，精也[4]。量之不可使概[5]，至满而止，正也。唯无不流，至平而止，义也。人皆赴高，己独赴下，卑也。卑也者，道之室，王者之器也，而水以为都居[6]。

走进齐文化 九

注释

[1]根菀：犹言"根系"。菀，或作"苑"。

[2]具材：具备各种材美。

[3]淖弱：犹言"绰约"，姿态柔美貌。

[4]精：诚实。

[5]概：古代的一种衡准器。古人用斗斛出纳粮米时，用一个长形的器物贴着斗斛的口平抹一下，使粮米不留尖，不缺欠，达到均平。

[6]都：聚。居：停。

管仲墓

译文

地，是万物的本原，是一切生命的植根之处，美与丑，贤与不肖，愚蠢无知与才华出众都是由它产生的。水，是地的血气，就像人身体里的血脉一样，在大地里流通着。所以说，水是具备一切材美的东西。

何以知道水是这样的呢？回答说：水是柔美而清亮，善于洗涤人的秽恶，这是它的仁。看水的颜色，黑白分明，这是它的诚实。计量水不必使用概，满了就自动停止，这是它的正。不拘什么地方都可以流去，一直到流布平衡而止，这是它的义。人皆攀高，水独向下流，这是它的谦卑。谦卑是"道"的所在，是帝王的气度，而水就是以卑下之地作为自己聚积的地方。

故事链接

管鲍之交

春秋时期，齐国有两个贤人，一个叫管仲，一个叫鲍叔牙。他们一个才华横溢，一个为人诚恳厚道。两人意气相投，来往非常密切。后来他俩一起作了齐国

中华传统文化

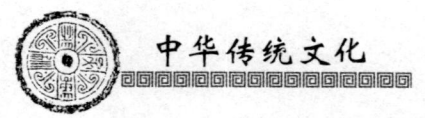

公子的老师，管仲辅佐公子纠，鲍叔牙辅佐公子小白。

齐僖公死后，襄公继位，他害怕各位公子谋夺他的王位，就想加害于公子纠和公子小白。于是公子纠逃到了鲁国，公子小白逃到了莒国。后来，齐襄公被杀，公子纠和公子小白都赶忙回国争夺王位。

为了阻止小白，管仲率领士兵在其返回齐国的道路上进行拦截，一箭射中了小白腰带上的钩子，小白假装死去。管仲以为没有什么顾忌了，就与公子纠一起不紧不慢的返回齐国。但是等他们到达时，公子小白已经捷足先登、即位就国了，史称桓公。

管仲和公子纠不甘失败，他们借鲁国的军队去攻打齐国。结果战斗失利，公子纠被杀，管仲成为囚犯。

齐桓公要拜鲍叔牙为相并想处死管仲。鲍叔牙劝说道："管仲是为其主嘛！主公可赦免他，让他为您效力。此人才能胜于我，若以他为相，齐国定会强大起来。"

桓公听了鲍叔牙的话，就不计前嫌，拜管仲为相。

管仲知道后感叹说："我和鲍叔牙曾经一道做买卖，赚了钱，我总是多拿一些。有人说我爱占便宜。鲍叔牙却说：'管仲家贫，理应多拿些。'鲍叔牙后来家道衰落，我为他谋划赚钱，结果反而令他更穷了。有人说我愚，鲍叔牙却说：'哪里是他愚，是我自己没有好机遇！'我曾多次到朝中为官，但都被国君驱逐出境。有人说我不贤。鲍叔牙却说：'他是未遇到明主呀！'我曾从军参战，当遇到敌人反攻时，我总是第一个往回跑。有人说我胆怯，鲍叔牙却明白，说'他家中有老母，是孝心所致呀！'生我的是父母，而了解我的是鲍叔牙啊！"

"管鲍之交"一直被誉为交友的最高境界，成为了被历代传诵的历史佳话。可见真挚的朋友应当患难与共，为了国家的利益能不计个人得失，同心协力。而桓公不计较私仇，任用管仲终成霸业，其使贤任能之举，也对后人产生了积极的影响。

拓展活动

管仲、鲍叔牙和齐桓公姜小白这对君臣之交、莫逆之谊的传奇经历想必大家都能对此耳熟能详、津津乐道了，而夷吾与叔牙之间的管鲍之交更是无人不知无人不晓。管仲辅佐桓公成就一代霸业之后曾感叹，"生我者父母，知我者鲍子也。"此世称管鲍善交。历史上还有许多这样的故事，请同学们讲一讲，看谁的积累更丰富。

第12课　《业内》节选

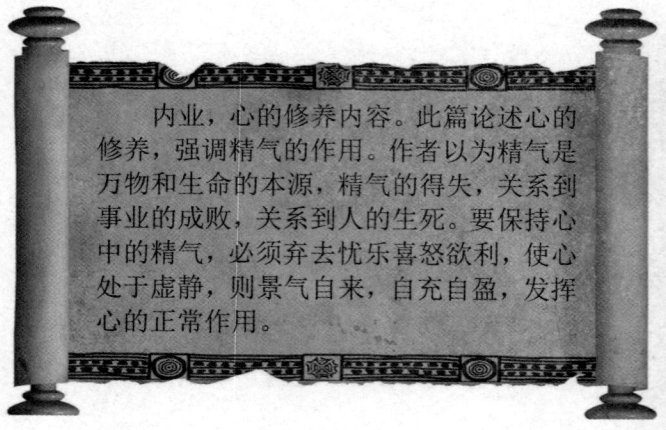

内业，心的修养内容。此篇论述心的修养，强调精气的作用。作者以为精气是万物和生命的本源，精气的得失，关系到事业的成败，关系到人的生死。要保持心中的精气，必须弃去忧乐喜怒欲利，使心处于虚静，则景气自来，自充自盈，发挥心的正常作用。

经典诵读

凡道无根无茎，无叶无荣。万物以生，万物以成，命之曰道。天主正，地主平，人主安静。春秋冬夏，天之时也；山陵川谷，地之枝也[1]；喜怒取予[2]，人之谋也。是故圣人与时变而不化，从物而不移。能正能静，然后能定。定心在中，耳目聪明，四枝坚固[3]，可以为精舍。精也者，气之精者也。气，道乃生[4]，生乃思，思乃知，知乃止矣。凡心之形，过知失生。

注释

[1] 枝：王念孙云："'枝'当为'材'字之误也。"译文从"材"。

[2] 喜怒取予：尹知章注："四者谋之用也。"

[3] 四枝坚固：郭沫若云，"枝"与"肢"通。

[4] 道乃生：尹知章注："气得道能有生。"

走进齐文化 九

译文

道没有根没有茎，没有叶没有花。万物依靠它生长，万物依靠它成就，所以命名它为道。天以公正为根本，地以平和为根本，人以安静为根本。春秋冬夏，是天的时令，山陵川谷，是地的物材，喜怒取予，是人的谋虑。所以圣人总是允许时世变化而自己却不变化，听任事物变迁而自己却不转移。能端正能虚静，然后才能够安定。有一个安定的心在里面，那就能耳目聪明，四肢坚固，就可以作为"精"的留住场所。所谓"精"，就是气中精华。气，通达开来就产生生命，有生命就有思想，有了思想就有智慧，有智慧就应及时休止了。大凡心的形体，过分地追求智慧，就会失去生机。

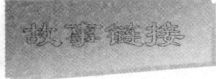

管仲与齐桓公的"非人情"

在晚年日益昏庸骄傲起来的齐桓公真正宠幸的有三个人：一个是把自己儿子杀了让齐桓公尝一尝人肉滋味的易牙；一个是背弃自己父母祖国的卫公子开方；再一个就是为了亲近讨好齐桓公而阉割自己的竖刁。齐桓公很想从这三个人中提拔一个接替管仲的相位，却遭到管仲的反对。

且看下面的一段对话。

齐桓公问："你看易牙这个人怎么样？"

管仲说："杀子以适君，非人情，不可。"

齐桓公再问："你看开方这个人如何？"

管仲说："背亲以适君，非人情，难近。"

管仲拜相图

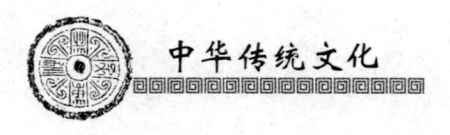

齐桓公又问:"那你看竖刁这个人行不行?"

管仲说:"自宫以适君,非人情,难亲。"

管仲说的"非人情"是什么意思呢?就是说,这三个人的作为,都是违背了人之常情常理,完全是反常行为。怎能靠得住?那么管仲的判断是否太简单了一点?当然不是。真理往往是最简单明白的。人有常情,也有常理,背离了常情常理,必然乖张不可信,也不符合客观事物本身的逻辑。可是,这样的道理许多自以为很聪明的人往往不明白,看不透,其结果没有不吃亏上当的。齐桓公的想法也为他晚年的悲剧埋下了伏笔。

拓展活动

成语"不翼而飞""老马识途""不知所措""大公无私""管鲍之交""任人唯贤""见异思迁"等都与管仲有关,请大家查找相关资料,了解这些成语的渊源,并继续查找一些与管仲有关联的其他成语。

第四单元 《晏子春秋》文选

晏婴作为古代齐国大夫，历任齐灵公、齐庄公、齐景公三朝。他努力劝谏齐王以及跟齐王的对话，体现了他爱国忧民，敢于直谏的精神品质。他是春秋末期重要的政治家、思想家、外交家。曾经预言齐国政权将被田氏取代。晏子五短身材，但足智多谋，刚正不阿，为齐国昌盛立下了汗马功劳。这一单元，我们来了解晏子对齐景公解释教育问题、齐庄公王天下的策略、齐景公耽搁农时修工程以及穿狐皮大衣不知百姓冷暖的劝谏。

第13课　景公问明王之教民何若

出自《晏子春秋·卷三第十八》

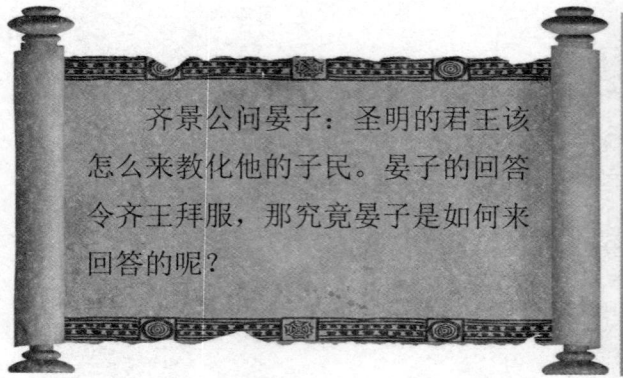

齐景公问晏子：圣明的君王该怎么来教化他的子民。晏子的回答令齐王拜服，那究竟晏子是如何来回答的呢？

经典诵读

晏子[1]对曰："明[2]其教令，而先之以行义；养民不苛，而防之以刑[3]辟。所求于下者，必务[4]于上；所禁于民者，不行于身。守之民财，无亏之以利，立于仪[5]法，不犯之以邪，苟所求于民，不以身害之，故下从其教也；称[6]事以任[7]民，中听[8]以禁邪，不穷之以劳，不害之以罚，苟所禁于民，不以事逆之，故下不敢犯其上也。"

君臣游

注释

[1]晏子,名婴,字平仲,谥平,春秋后期齐国人(今山东高密人)。其父名晏弱,谥号桓子,为齐国卿大夫。其父死后,晏子继任齐卿大夫。

[2]明:宣明,申明。

[3]刑:法。辟:法。

[4]务:努力。

[5]仪:准则。

[6]称:衡量。

[7]任:用,役使。

[8]中:不偏依,公正。听:断案。

齐都

译文

宣明他的教化政令,而自己要率先奉行道义。教育百姓不要太严苛要求,而以法律防止他们犯罪。对下民所要求的事情,在上面的人一定要努力做到;对百姓有所禁止的事情,自己就不要做自己所的禁止的事。保护百姓的财产,不要以一己私利去损害他,建立规则法度,不以邪僻的行为违反它。如果向百姓索取什么,不要因为个人欲望而伤害百姓,因此,下民就会听从他的教诲。衡量事情的大小来劳烦百姓,公正地断案来禁止邪恶行为,不因劳役百姓使他们受累,不用刑法来迫害百姓,如果对百姓有禁止的事情,自己也不要做违反禁令,因此,下民就不敢冒犯在上的了。

中华传统文化

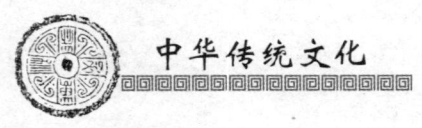

赏析

晏子首先申明作为统治者自己应该以身作则,不要只许州官放火,不许百姓点灯。其次要保护百姓的财产,建立法律,用法律来保障百姓的合法权益,不要因为自己想要什么就去伤害百姓。最后统治者做到公正公平,上梁正下梁也就不会歪,达到上行下效的效果。这样老百姓才会心悦诚服。

故事链接

家有老妻

晏子是一个德才兼备之人,在齐国辅佐了三代君王,他虽身居高位,俸禄丰厚,自己却朴素节俭,将多余的财物用来帮助亲族,对百姓体恤有加,而他对自己妻子的道义情谊,同样令人称赞不已。

齐景公当政时期,晏子以自己的智慧德行,帮助景公治理朝政,深受景公器重。景公正好有一个心爱的女儿,年轻美貌,便想将女儿嫁给晏子。

一天,齐景公到晏子家中作客,喝到尽兴的时候,景公正巧看到晏子的妻子,便向晏子问道:"刚才那位是先生的妻子吗?"

晏子答道:"是的。"

景公笑着说:"嘻,又老又丑啊!寡人有个女儿,年轻貌美,不如嫁给先生吧。"

晏子听后,恭谨地站起来,离开坐席,向景公作礼道:"回君上,如今臣下的妻子虽然又老又丑,但臣下与她共同生活在一起已经很久了,自然也见过她年轻美好的时候。而且为人妻的,本以少壮托附一生至年老,美貌托身到衰丑。妻子在年轻姣好的时候,将终身托付给我,我纳聘迎娶接纳了,跟臣一起这么多年,君王虽然现有荣赐,可晏婴岂能违背她年轻时对臣的托呢?"

于是，晏子再拜了两拜，委婉辞谢了景公，景公见晏婴如此重视夫妻之义，便也不再提及此事。

有一次，田无宇到晏子家中，见晏子一人在内室，有一位妇人从屋内走了出来，头发斑白，穿着黑色的粗布衣服，十分俭朴。田无宇假装不知道，故意用讥讽的语气对着晏子说道："刚才那个从室内出来的人是谁啊？"

晏子礼貌地答道："是我家妻子。"

田无宇看着晏子说："贵为中卿的地位，食邑田税所入一年可达七十万，为何还要用老妻啊？"晏子于是说："晏婴听说，休掉年老的妻子称为乱；纳娶年少的美妾称为淫；见色忘义，处富贵就背弃伦常称为逆道。晏婴怎么可以有淫乱的行为，不顾伦理，逆反古人之道呢？"

拓展活动

读一读下面的故事，找找跟本文有什么相同之处。

> 楚庄王终日作乐不理朝政，把政务交给政卿大夫管理。右司马很委婉地劝谏说曰："国中有一只大鸟，在大王的庭院中栖息，三年不飞动也不鸣叫，大王知道这只鸟为什么这样吗？"大王曰："此鸟不飞就歇着，一旦飞起来就冲向天际；不鸣就站着，一旦鸣叫就惊天地泣鬼神。"
>
> 《史记·滑稽列传》

中华传统文化

第14课　庄公问威当世服天下时耶

出自《晏子春秋·卷三第一》

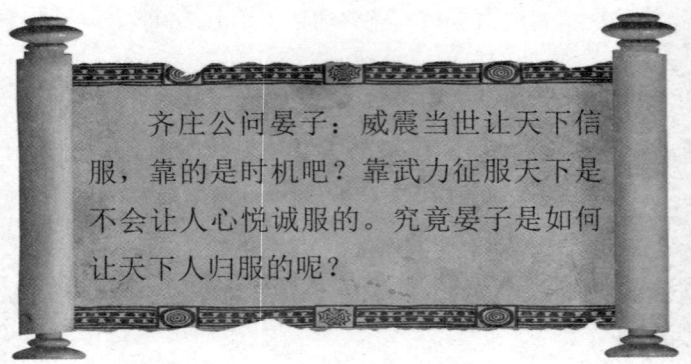

齐庄公问晏子：威震当世让天下信服，靠的是时机吧？靠武力征服天下是不会让人心悦诚服的。究竟晏子是如何让天下人归服的呢？

晏子像

经典诵读

晏子对曰：能爱邦内之民者，能服境外之不善；重士民之死力[1]者，能禁暴国[2]之邪逆；中听[3]任贤者，能威诸侯；安仁义而乐利世者，能服天下。不能爱邦内之民者，不能服境外之不善；轻士民之死力者，不能禁暴国之邪逆；愎谏[4]傲贤者，不能威诸侯；倍[5]仁义而贪名实[6]者，不能服天下。威当世而服天下者，此其道也已。

君臣对

注释

[1]死力：形容士人民众对朝廷奉献的力量，是奋不顾身的。

[2]暴国：以暴力残害国家。

[3]中听：听取中正的言语。

[4]愎谏：固执不听劝谏。

[5]倍通"背"，违背。

[6]名实：名声和功利。

稷下学宫

译文

能爱护国内百姓的，就能让境外不友善的人顺服；能重视士人百姓对国家奋不顾身的，就能禁除残害国家的邪恶叛逆之事；能听取中正之言任用贤人的人，就能威慑诸侯；内心仁义而且乐于为时人谋利的人，就能让天下人顺服。不能爱护国内百姓的，就不能让境外不友善的人顺服；轻视士人百姓对国家奋不顾身的，就不能禁除残害国家的邪恶叛逆之事；刚愎自用不听劝谏傲视贤人的，就不能威震诸侯；违背仁义而贪求虚名急功近利，就不能让天下人顺服。要想威震当世而让天下人归服的，这就是实现它的基本办法。

赏析

晏子从正反两面说明了作为一国之主要从德行上入手，才能使天下顺服。具体从外在的方面：爱护百姓，重视人才，奖罚分明，善听劝谏；内在的方面：内心仁义，为百姓谋福利。这样才是称王天下的方法。

晏子劝景公罢酒

齐景公喜好饮酒，有一回兴致很高，竟喝得酩酊大醉，过了三天才清醒下床。

晏子晋见景公时，问候道："君王饮酒过量，身体不适吗？"

景公回答："是的。"

晏子因而劝谏说："古时饮酒，只要能达到宾主互通友好，聊以联络感情就够了。因此，男的不群聚宴饮以妨害农事，女的不群聚燕乐以妨害女红。若男女聚会宴饮，也是遵守着往来之间酒不过五巡的礼节，若有超过，就会受到责罚。

"君王能身体力行，对外则无积压不办的公事，对内也无昏愦败德的行为。可如今君王一日饮酒，而三日沉睡，国家政事废驰于外，左右近臣败坏于内。平常那些作奸犯科，以畏惧刑罚而自我约束的人，君王等于帮助他们去为非作歹；而以赏誉相劝，洁身自爱的人，反而缺乏了积极为善的动力。

"在上如离德悖行，为民便不重视赏罚。德行既不足观，赏罚又失去作用，事如至此，就丧失了所以立国的原则了。但愿我君能节制不良嗜好，身服礼义，以德化民才是啊！"

听了晏子的劝说，景公也知道饮酒应适度。可后来，景公因为贪杯，饮酒七日七夜不止。臣子弘章见景公沉于酒乐，不务国事，不免心急如焚，于是到景公前直言相谏道："君王饮酒已七日七夜，愿君上能立即罢酒，不然，请赐章一死！"

听到如此强烈的劝谏，景公不免心中不悦，只是未立即发作。

晏子很适时地入见景公，景公便对晏子说："弘章劝我说'愿君王能立即罢酒，不然，请赐章一死！'如果寡人听了他的话，就等于受

劝 酒

制于臣子了；然不听他劝而赐他一死，又于心不忍。"

晏子听了景公的话，便说道："幸亏弘章遇到了像您这样的国君，假使遇到的是夏桀、殷纣，说不定弘章早就活不成了。"

景公一听此话，便知自己一言一行都将影响深远，一不小心恐怕名声败坏，也与桀纣同伍了，于是心领神会，不但不加罪于弘章，也罢酒不饮了。

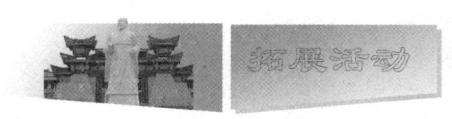

拓展活动

读一读这首诗，跟本文招贤纳士有什么异同？

登幽州台歌

陈子昂（唐）

前不见古人，后不见来者，
念天地之悠悠，独怆然而涕下。

翻译：回头看不见古代那些能够礼贤下士的君主，后来的贤明君主也来不及见到，我真是生不逢时啊。登台远眺时，只见茫茫宇宙，天长地久，不禁感到孤单寂寞，让人禁不住泪流满面沾湿了衣襟！

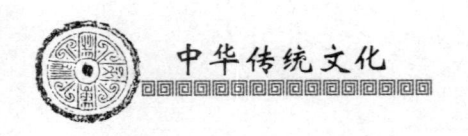

第15课 景公春夏游猎兴役

出自《晏子春秋·卷二第八》

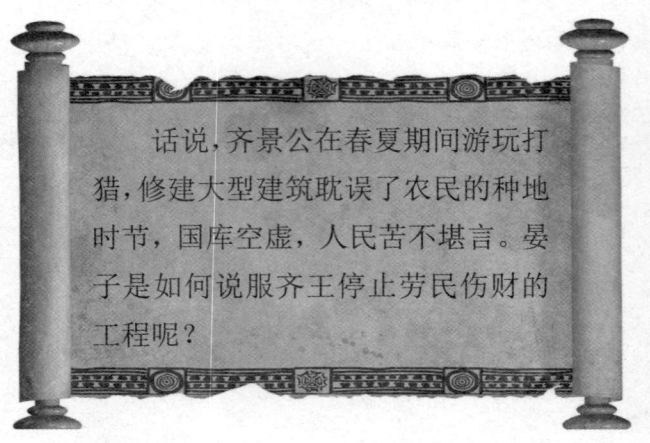

话说，齐景公在春夏期间游玩打猎，修建大型建筑耽误了农民的种地时节，国库空虚，人民苦不堪言。晏子是如何说服齐王停止劳民伤财的工程呢？

游猎图

经典诵读

　　昔文王[1]不敢盘游[2]于田[3]，故国昌而民安。楚灵王[4]不废乾溪[5]之役，起章华之台，而民叛之。今君不革[6]，将危社稷，而为诸侯笑。臣闻忠臣不避死，谏不违[7]罪。

注释

[1]文王：即周文王，姬昌。商朝末期周部族首领，在位期间，励精图治，国家崛起。

[2]盘游：流连，游乐。

[3]田：打猎。

[4]楚灵王：春秋时期楚国国君，楚国历史上有名的暴君。

[5]乾溪：楚国境内的地名。

[6]革：革除，改变。

[7]违：躲避，逃避。

译文

从前周文王不敢沉溺于打猎的欢乐中，所以国家昌盛百姓安定。楚灵王在乾溪大兴土木，建造章华高台，所以百姓群起反抗。现在如果您不改正，就会危害国家，被诸侯耻笑。我听说忠臣并不怕死，劝谏不怕被治罪。

赏析

晏子看到齐景公犯错了，如果不改正的话，历史的车轮将会把他碾碎。通过周文王和楚灵王的对比，晏子把国家兴衰的道理已经讲明了。前面是历史方面，后面就强调了自己内部原因。晏子希望他注重名声，否则功败垂成。最后拿自己的生命来劝谏，足见晏子真心是为天下百姓着想，由此可见一斑。

故事链接

景公掏雀

齐景公有一次兴起，去掏麻雀窝，可是掏出来后，却发现麻雀太小了，于是又将它放回窝里。

晏子恰好听到此事，便未按通常朝会的时间，先行入见景公。景公因为掏出麻雀又放回去，穿着长袍来回折腾后，不禁汗流浃背，衣冠也因此不整，突然一回头，看到晏子来，不免吓了一跳。

晏子向景公作礼问道："不知君上做什么，以至如此呢？"景公看看禽鸟器对晏子说："寡人刚才在掏麻雀，因雀儿太小，故又将它放回原处。"晏子听后，略退了几

禽鸟器

步，向北面拜了两拜，向景公致贺道："我君有圣王之道啊！"景公听了，不禁一惊，奇怪地问："寡人掏麻雀，因为看到雀儿太小，所以将它放回原处，这与先生您说的圣王之道有什么关系呢？"晏子于是回答说："君王掏雀，但因雀儿太小，便将它放回原处，这是慈爱幼小的表现。君王这仁爱的存心，都能施于禽兽，那更何况是人呢？这仁爱就是圣贤君王之道啊！"

拓展活动

探讨一下，一个国君的爱好是否决定了这个国家的命运。

楚灵王很有艺术家才质，他喜欢跳舞，经常身披羽毛，挥动羽翅，在宫殿里翩翩起舞，舞姿奇谲灵动，超渺飘逸，散发着风姿独特的楚国浪漫主义精神。既然要跳舞，自然喜欢细腰，所谓"楚腰纤细掌中轻"。于是郢都城里刮起了"细腰风"。"不知歌舞能多少，虚减宫厨为细腰。"大臣们一天只吃一顿饭。各种减肥方法也都出来了。有吃辣椒减肥法，脱水减肥法，桑拿减肥法，点穴减肥法，水波排脂法，还有一些人跑到山上采草药，做成"脂肪燃烧弹"。臣子们都减肥减得虚弱无力，倚着东西才能站住，扶着东西才能起立。每次暴风过后，都有一些人把腰吹折了。

细腰宫

走进齐文化 九

第16课 景公衣狐白裘不知天寒

出自《晏子春秋·卷一第二十》

话说，齐景公时，下了三天大雪还没停止，穿着白色狐皮大衣，对晏子说这天不冷呀！晏子对与齐景公不能体察百姓的苦，是怎么劝谏的呢？

经典诵读

晏子曰："婴闻古之贤君，饱而知人之饥，温而知人之寒，逸[1]而知人之劳。今君不知也。"

公曰："善！寡人闻命矣。"乃令出裘发粟，以与[2]饥寒者。令所睹于涂[3]者无问其乡，所睹于里[4]者无问其家，循[5]国计[6]数，无言[7]其名。士既事者[8]兼[9]月，疾者兼岁。孔子闻之曰："晏子能明其所欲，景公能行其善也。"

君臣和

注释

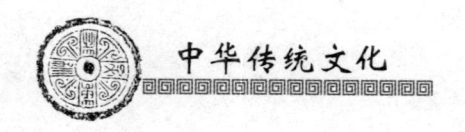

[1]逸：安逸，舒适。

[2]与：动词，给。

[3]涂：同"途"，道路。

[4]里：古代行政区域单位，约几十家为一里。

[5]循：同"巡"，巡视。

[6]计：统计。

[7]言：注明，登记。

[8]既事者：已经有工作的人。

[9]兼：两。

译文

晏子说："我听说古代的贤明君主，自己吃饱了也能够知道别人的饥饿，自己暖和，也能够知道别人的寒冷，自己舒服也能够知道别人的劳苦。现在您却不知道。"

景公说："你说得好！寡人听从你的指教。"于是下令拿出皮衣和粮食，发给那些挨饿受冻的人。

饥 荒

凡是路上看到的，都不必询问是哪个乡的，在村里看到的，都不必询问是哪家的，巡视全国统计数目，不需要受救济的名字。有工作的人发两个月的粮食，有疾病的人发两年的粮食。孔子听说后说："晏子能阐明他所想的事，景公能够实行晏子劝谏的事。

赏析

齐景公时不时地犯错误，而晏子总是及时地提醒景公，避免使错误进一步恶化。进而使得齐国能够后在春秋时期长盛不衰，晏子起了很重要的作用，但是，景公听从劝谏同时也说明他是一位英明的君主，懂得与民同甘共苦。这是后世不管是国家领导人还是企业领导者一定要借鉴的经验。

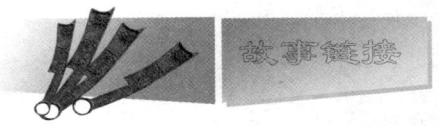

故事链接

景公怜饥者

一天，齐景公与一些大臣、官员到寿宫去游玩，无意间，景公看到一位老者，面黄肌瘦，背着一大捆木柴，像是饿了很久似的样子，显得疲惫不堪。

景公看了，心里很难过，觉得他非常可怜，于是长长叹了一口气，交待相关官吏给予这位老者收养、照顾，免得他再劳累受饿。

晏子在一旁，见到景公怜悯老者，便上前称赞说："臣听说，喜好贤良的人而怜悯不幸的人，是执掌国家的根本，如今君王能怜爱老者，将恩惠广施百姓，此乃治国之本啊！"

齐景公听了晏子的称赞，心里非常高兴，不觉露出了喜悦的笑容。晏子见了，便进一步说道："圣明之君遇到贤良就喜好贤良，遇到不幸就怜悯不幸，看到有一人受苦，便会想到其他人。

如今，臣请求君王下令，凡国内年老、幼弱等无助者，还有像鳏夫、

路乞者

中华传统文化

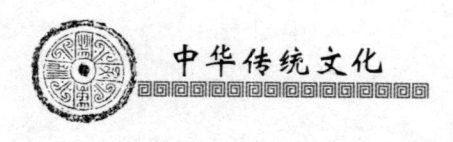

寡妇没有家室的，派各地官员调查清楚，然后给予他们妥善的安排与照顾，以此来广施君王的恩惠。

景公听了晏子的建议，更加欢喜，马上答应下来，说："这样真是太好了，就照先生您说的去办吧！"

于是，在晏子的劝谏下，齐国内年老幼弱的人有了帮扶与照料，鳏夫寡妇也重新有了倚仗，人民生活更加安定，一片和乐，大家因此都很感激君王的恩德。

拓展活动

赏析诗文，体会古代封建地主对农民的残酷剥削和无视。

在诗圣杜甫的遗篇里，有一首被誉为"划时代的杰作"的政治性抒情长诗，题为"自京赴奉先县咏怀五百字"。

内中有句云："朱门酒肉臭，路有冻死骨。"

解释：朱门：古代王公贵族的住宅大门漆成红色，表示尊贵。

臭：同"嗅"指香味，而不是臭味。第一，酒肉是不可能在冬天坏掉的，第二，古代的"臭"是味道的意思。

走进齐文化 九

活动探究 晏子故事情景剧表演

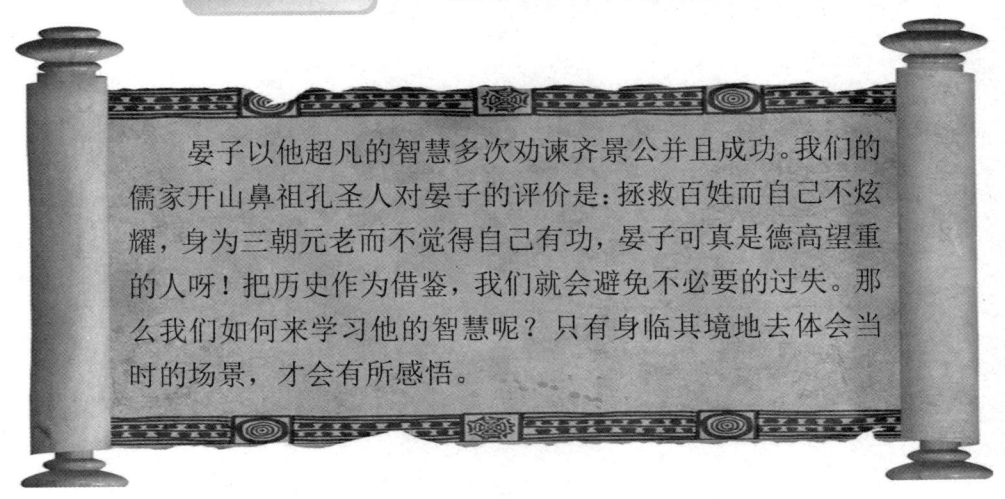

　　晏子以他超凡的智慧多次劝谏齐景公并且成功。我们的儒家开山鼻祖孔圣人对晏子的评价是：拯救百姓而自己不炫耀，身为三朝元老而不觉得自己有功，晏子可真是德高望重的人呀！把历史作为借鉴，我们就会避免不必要的过失。那么我们如何来学习他的智慧呢？只有身临其境地去体会当时的场景，才会有所感悟。

活动目标

　　学生们通过对晏子故事场景的再现，来体味场景中各色人物的性格特征以及心理活动，提高对历史人物形象的感知。最终学生们触及晏子为百姓为国家殚精竭虑的真实情感。

晏子会客图

71

中华传统文化

活动方案

1. 搜集故事：全班以小组为单位，每小组找一个故事，在组内进行人物角色分配，认真阅读故事中的人物对话。
2. 组内表演：由组长主持，按照人物角色进行表演。
3. 班内展示评比：每组轮流上台表演，由老师和同学们评比。

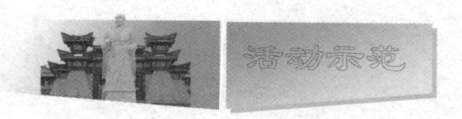

活动示范

情景剧：晏子使楚（节选）

时间： 春秋末期
地点： 楚王宫门前
人物： 晏子
　　　　卫兵
　　　　旁白

旁白： 春秋末期，齐国和楚国都是大国，齐国派晏子出使楚国。晏子来到楚国城门下，只见城门关着，旁边开着一个小洞。

晏子： 这是狗洞，不是城门。

卫兵： 我们大王说了，你人长得矮，这个狗洞正适合你。

晏子： 只有访问"狗国"才有狗洞。你去问问你们大王，楚国到底是个什么样的国家。

旁白： 卫兵向楚王报告了晏子说的话，楚王无奈只好打开城门迎接晏子。

卫兵： 打开城门，礼请大夫晏子。

走进齐文化 九

活动延伸

　　我们可以通过网络平台或者参观一些博物馆来进一步深化对晏子本人的了解，从而增强同学们为中华民族之崛起而努力的信心。而且我们要更进一步的去影响身边的人，让他们也加入我们的行列中来。

青花紫金釉《晏子使楚》

银 盘

蒜头壶

第五单元 《孙膑兵法》文选

　　《孙膑兵法》是中国古代的最著名中原军事著作之一，也是《孙子兵法》后"孙子学派"的又一力作，是反映古代汉族道家思想与军事思想的代表作之一。《孙膑兵法》古称《齐孙子》，作者为孙膑，传说他是孙武的后代，在战国时期生于齐国阿、鄄之间（今山东省阳谷、鄄城一带），曾和庞涓一块学习兵法。《孙膑兵法》出土于山东临沂。

　　《孙膑兵法》提出"富国"而"强兵"的国防思想，对当时和后世部有巨大而深远的意义和影响。

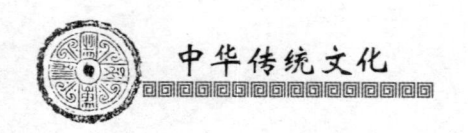

第17课　《见威王》节选

出自《孙膑兵法·第二章》

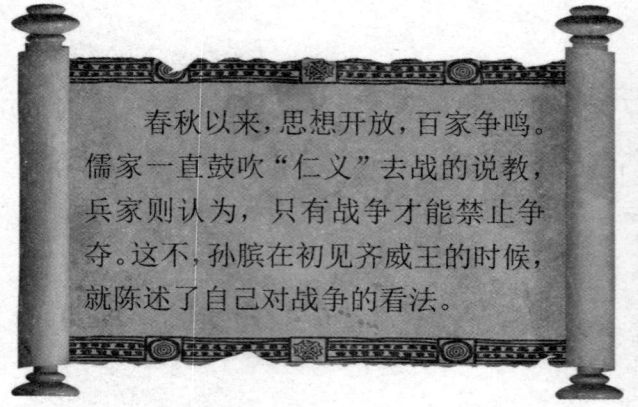

春秋以来，思想开放，百家争鸣。儒家一直鼓吹"仁义"去战的说教，兵家则认为，只有战争才能禁止争夺。这不，孙膑在初见齐威王的时候，就陈述了自己对战争的看法。

孙膑像

经典诵读

孙子见威王，曰："夫兵者，非士恒势也[1]。此先王之傅道也[2]。战胜，则所以在亡国而继绝世也[3]。战不胜，则所以削地面危社稷[4]也。是故兵者不可不察。

"然夫乐兵[5]者亡，而利胜[6]者辱。兵非所乐也，而胜非所利也。事备[7]而后动。"故城小而守固者，有委[8]也；卒寡而兵强者，有义也。夫守而无委，战而无义，天下无能以固且强者。

走进齐文化 九

注释

[1]士：借为恃。意谓军事上没有永恒不变的有利形势可以依赖。

[2]傅：借为敷、布、施。意谓这是先王所传布的道理。一说"傅"为"传"字之误。

[3]在：存。孙膑这句话的意思是说战争的胜负关系到国家的存亡，与孔丘复辟奴隶制的反动纲领"兴灭国，继绝世"的含义不同。

[4]社：土神。稷（jì既），谷神。古代以社稷代表国家。

[5]乐兵：好战。

[6]利胜：贪图胜利。

[7]事备：做好战争的准备。

[8]委：委积，即物资储备。

[9]夷：指古代我国东方地区的部族。

译文

孙膑进见齐威王，说道："用兵之道，并没有永恒不变的模式。这是先王所陈述的道理。一个国家取得战争的胜利，就可以避免亡国，把江山世代延续下去。如果不能取胜，就会割让土地，以至危及国家生存了。所以，用兵不可不慎重对待。那些轻率用兵的人常遭失败，贪图胜利者常遭屈辱。所以说，用兵绝不能轻率，胜利也不是靠贪求而能得到，用兵必须做好充分准备，才能付诸行动。这样，哪怕城池很小，也能够坚持，这是因为有充足的储备；兵力不足，而战斗力强，是因为正义在自己一方。如果储备不足而守卫，没有正义而进行战争，那样，世上没有任何人能够固守不败，没有任何人能取得战争胜利。

赏析

这篇文章，孙膑以进见威王，陈述意见的方式，表达了自己对战争的看法，这是从宏观上阐述他的战争观。在这篇文章中表述了这样几个观点：第一，在一定形势下，战争是不可避免的，只有靠战争，并且取得胜利，才能解决问题。第二，"事备而后动"，主张必须有充分的准备才能用兵作战。第三，"卒寡而兵强者，有义也。""乐兵者亡，利胜者辱。"这里，孙膑又提出了一个战争的根本原则——"义"。战争的性质决定战争的胜负，所以作者进一步提出"乐兵者亡，而利胜者辱"，"战而无义，天下无能以固且强者"，明确反对穷兵黩武。

故事链接

孙庞吃饼

一天，鬼谷子想测试孙膑与庞涓的智谋，鬼谷子拿出五个饼，放在桌上，让他们两人取去吃。鬼谷子说：每人一次最多拿两个饼，并且拿的饼全部吃完后才能再拿。鬼谷子说完后，庞涓赶忙拿了两个饼，而孙膑从容地拿一个饼吃起来，庞涓未吃完两个饼，孙膑已经吃完一个饼，孙膑第二次拿了两个饼，此时桌上已经没有饼了，最后，孙膑吃了三个饼，而庞涓吃了两个饼。

小事中可以看出大道理。在这则典故当中其实隐藏着一条生存法则：人不能只看到眼前，还应顾虑长远；谋定而后动，切记莽撞行事。

孙膑与庞涓

拓展活动

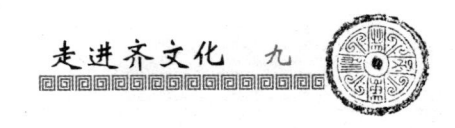

孙膑说："事备而后动"，生活中能不能在做事之前做好充分的准备，将直接影响取得成功的几率和效率。其实有很多成语都和孙膑的话有相同之处，比如"未雨绸缪"。请同学们查阅资料，寻找更多的同义成语或名言，看谁的积累更丰富。

第18课 《势备》节选

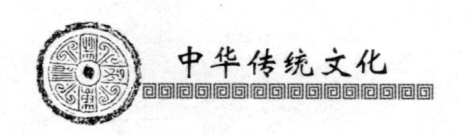

出自《孙膑兵法·第九章》

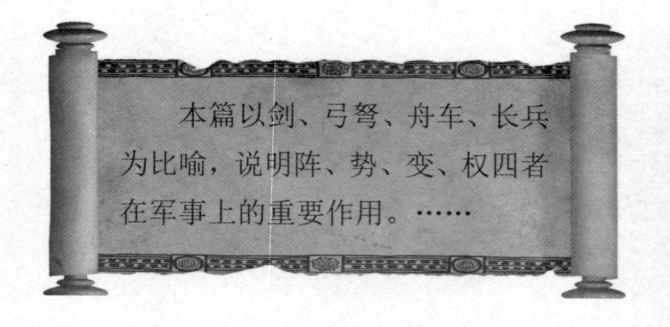

本篇以剑、弓弩、舟车、长兵为比喻，说明阵、势、变、权四者在军事上的重要作用。……

经典诵读

势备[1]

孙子曰：夫陷齿戴角，前爪后距[2]，喜而合，怒而斗，天之道也，不可止也。故无天兵者[3]自为备，圣人之事也。

黄帝作[4]剑，以阵象[5]之。羿[6]作弓弩，以势象之。禹[7]作舟车，以变象之。汤、武[8]作长兵，以权象之。凡此四者，兵之用也。

凡兵之道四：曰阵，曰势，曰变，曰权。察此四者，所以破强敌，取猛将也[9]。

注释

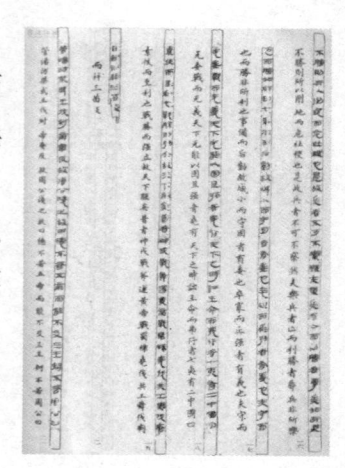

[1]此是篇题，写在本篇第一简简背。

[2]陷：借为含。"含齿戴角、前爪后距"，指有牙、角、爪、距的禽兽。

[3]天兵：指自然赋予动物的武器，如齿、角、爪、距等。无天兵者，指人。

[4]作：创造，发明。

[5]象：象征。

[6]羿(yì意):后羿,夏代有穷国的君主。

[7]禹:夏朝的建立者。

[8]汤、武:指商汤和周武王。

[9]自"……功。凡兵之道四"至此为一残简。这一简的位置也有可能在上文"凡此四……"与……中之近"之间。

译文

孙膑说:所有有齿、有角、有爪、有距的禽兽,都是高兴时聚集成群,发怒时就相互角斗,这是自然现象,是无法被制止的。而人虽然没有齿、角、爪、距那样天生的武器,却可以制造武器,古代的圣人们就是这样做的。

黄帝制造剑,而兵阵的作用就像剑一样。后羿制作弓弩,而兵势就要像弓弩发射一样,一往无前,夏禹制作舟车,而用兵的机变也正像舟车灵活多变一般。商汤、周武王制作长兵器,兵权就要像用长兵器一般紧握在手。以上四个方面,都是用兵的根本。

用兵的根本有四项:第一叫兵阵,第二叫兵势,第三叫机变,第四叫兵权。懂得这四项,才能用来打败强敌,捉拿猛将。

赏析

这篇文章写得生动细致。文章用野兽都有角、齿、爪、距,并且时聚时斗,生动形象地说明人类社会中,人们之间也难免会有争斗或战争的社会现象,并进而用人类作战手段演变的情况,引出了用兵作战的四项根本。这种写法对人们既有吸引力又富启发性。文章用剑作比喻,说明兵阵的重要和布阵的要点;用弓弩发射说明兵势的含意和作用;用舟车的灵活说明用兵心须机智;用长兵器必须紧握说明兵权的重要,都很贴切生动,引人联想,发人深思。文章最后总结时强调指出,只有懂得这四项根本,才能破强敌、取猛将。这就是要求统兵将领必须懂得兵阵,善蓄兵势,能机智指挥,会牢牢掌握兵权。

中华传统文化

故事链接

一鼓作气

公元前 684 年的春天，强大的齐国出兵攻打弱小的鲁国。

鲁庄公亲自率领军队前往应战，双方摆开阵势，准备大战一场。鲁国的一位叫曹刿的将军率部队与齐国交战。当时，作战以擂鼓作为进攻号令，当齐军擂第一遍鼓时，曹刿按兵不动，齐军擂第二遍鼓时，曹刿还是没下令，齐军第三次准备进攻，都不见鲁军应战，士气大减，十分疲惫，情绪顿时低落下去，认为鲁军不会再打了，大家纷纷坐下来歇息，队伍也开始松散下来。这时，曹刿当机立断，对鲁庄公说："进攻的时机到了。"随着雨点般的战鼓声响起，早就摩拳擦掌的鲁军将士奋勇出击，齐军还没有来得及防备，顿时丢盔弃甲，四散溃逃。

战斗胜利后，鲁庄公问曹刿："刚才为什么要等齐军擂了三次进军的鼓后，才出军？"曹刿说："打仗，最重要的靠勇气。擂第一遍鼓时，士气最旺；第二次击鼓时，士兵的勇气已经减退；擂第三次鼓时，士兵的勇气已经没了。这时我军再擂鼓进攻，用士气旺盛的军队去进攻松懈疲乏的军队，那当然能取胜啦！"

拓展活动

无论在生活中还是在其他领域里，时机都显得非常重要。"机不可失，失不再来"，把握时机就是把握命运，就是触及成功之门。青春年少，也总会懵懂，请结合你的成长经历，说说对于我们学生而言，成长过程中，哪些时机是不可错失的呢？

第19课 《八阵》[1]节选

出自《孙膑兵法》

八阵是战国时大军事家孙膑创造的，据说是受了《易经》八卦图的启发，所以又称"八卦阵"。具体阵势是大将居中，四面各布一队正兵，正兵之间再派出四队机动作战的奇兵，构成八阵。八阵散布成八，复而为一，分合变化，又可组成六十四阵。

八阵图

经典诵读

孙子曰：智不足，将兵，自恃也。勇不足，将兵，自广也。不知道，数战不足，将兵，幸也。

夫安万乘国，广万乘王，全万乘之民命者，唯知道。知道者，上知天之道，下知地之理，内得其民之心，外知敌之情，阵则知八阵之经，见胜而战，弗见而诤[2]，此王者之将也。

孙子曰：用八阵战者，因地之利，用八阵之宜。用阵三分，诲阵有锋，诲锋有后[3]，皆待令而动。斗一，守二[4]。以一侵敌，以二收。敌弱以[5]乱，先其选卒以乘[6]之。敌强以治[7]，先其下卒[8]以诱之。车骑与战者，

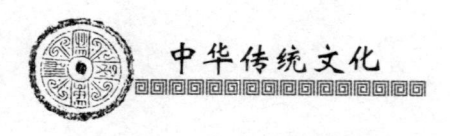

分以为三，一在于右，一在于左，一在于后。易[9]则多其车，险则多其骑，厄[10]则多其弩。险易必知生地、死地，居生击死。

注释

[1]《八阵》：此是篇题，写在本篇第一简简背。古人讲布阵之法多称"八阵"。"八阵"不是指八种不同的阵。

[2]诤（zhèng）：借为静。意谓没有取胜的把握就按兵不动。

[3]悔：疑借为每。锋，先锋部队。后，后续部队。

[4]意谓以三分之一的兵力与敌交战，以三分之二的兵力等待时机。

[5]以：犹言"而"。下文"敌强以治"同。

[6]乘：凌犯。意谓先以精兵攻击敌人。

[7]治：严整。意谓敌人战斗力强，阵容严整。

[8]下卒：战斗力弱的士卒。

[9]易：地形平坦。

[10]厄（è饿）：指两边高峻的狭窄的地形。

译文

孙膑说："智谋不足的人统兵，只不过是自傲。勇气不足的人统兵，只能自己为自己宽心。不懂兵法，又没有一定实战经验的人统兵，那就只能靠侥幸了。若要保证一个万乘大国的安宁，扩大万乘大国的统辖范围，保全万乘大国百姓的生命安全，那就只能依靠懂得用兵规律的人了。所谓懂得用兵规律的人，那就要上知天文，下知地理，在国内深得民心。对外要熟知敌情，布阵要懂得八种兵阵的要领，预见到必胜而出战，没有胜利的把握则避免出战。只有这样的人才是足当重任的将领。"孙膑说："用八种兵阵作战的将领，要善于利用地形条件，选用合适的阵势。布阵时要把兵分为三部分，每阵要有先锋，先锋之后要有后续兵力，所有军兵都要等待将令才能行动。用三分之一的兵力出击，用三分之二的兵力守卫。用三分之一的兵力攻破敌阵，用三分之二的兵力完成歼敌任务。敌军兵力弱而且阵势混乱时，就先进精兵去攻击敌军。敌军强大而且阵势严谨时，就先用一些弱兵去诱敌。用战车和骑兵出战时，把兵力分为三部分，一部分在右侧，一部分在左侧，一部分断后。地势平坦的地方用战车，地势险阻的地方则多用骑兵，地势狭窄险要的地方多用弓弩手。但无论在险阻还是平坦的地方，都必须先弄清楚，哪里是生地，哪里是险地，要占据生地，把敌军置之死地而后消灭。"

赏析

这篇文章虽然题目是"八阵"，但并不是具体讲述八种兵阵的布阵方法和具体运用的，而是从宏观上论述用兵的基本规律，着重于对将领的要求和使用阵法的基本原则。文章分为两部分，第一部分集中论述对统兵将领的基本要求，第二部分则论述使用阵法的基本原则，而从全文的主旨来看，还是着重于论述统兵作战的将领应该而且必须具备的军事素养。

故事链接

诸葛亮巧布八阵图

刘备即帝位的第二年公元222年6月，因不听孔明之言，致使东吴大都督陆逊大破蜀军于彝陵等地，刘备退至白帝城（今四川奉节东），赵云引兵据守。

却说陆逊大获全胜，领得胜之兵又往西追。前面离夔关不远，陆逊在马上望见临江的山边有一阵杀气冲天而起，料定有埋伏，下令倒退十多里，又差人去哨探，回报并没有军队屯扎在那里。江边只有乱石八九十堆，并无人马。陆逊大惑不解，命令找当地土著人来问。土人说："这

三国八阵图遗址

个地方叫作鱼腹浦。诸葛亮入川的时候派兵在这里，用石头排成阵。从那以后，这里便常有气如云从中生起。"

陆逊听罢，便带十几个人来看石阵，立马在山坡之上，只见四面八方，全都有门有户。陆逊笑道："这不过是迷惑人的魔术罢了，有什么用呢？"于是便带着几个人纵马下山，一直进到石阵里来观看。看完刚要出阵，忽然狂风大作，一霎间，飞沙走石，遮天盖地，只见怪石嵯峨，横沙立土，江声浪涌。陆逊大惊道："中了诸葛亮之计！"急忙想要返回时，却无路可走。正惊疑之间，忽见一位长者出现在马前，陆逊在老人带领下才走出了石阵。那老人是诸葛孔明的岳父黄承彦。老人说当初诸葛亮入川的时候，在这里布下了石阵，叫作'八阵图'。反复八个门，按遁甲休、生、伤、杜、景、死、惊、开，每日每时，变化无端，抵得上十万精兵。陆逊问："公曾学过这个阵法吗？"黄承彦道："变化无穷，无法学也。"陆逊慌忙下马拜谢，然后回去了。后人杜工部有诗道：

　　　　功盖三分国，名成八阵图。

　　　　江流石不转，遗恨失东吴。

拓展活动

跟用兵打仗一样，要干好任何一项事业，同样需要从事该项事业的人，尤其是其领导人，必须有真"智慧"、真"勇气"，真知"用兵之道"。具体到个人，要做好每一件事，也必须要有勇有谋且懂得事物规律才行。同学们，你在学习和生活中是否有过运用自己的智谋打过的完美一仗？分享给大家吧。

参考文献：1.《孙膑兵法》
　　　　　2.《三国·蜀志·诸葛亮传》

走进齐文化 九

第20课 《擒庞涓》节选

出自《孙膑兵法》

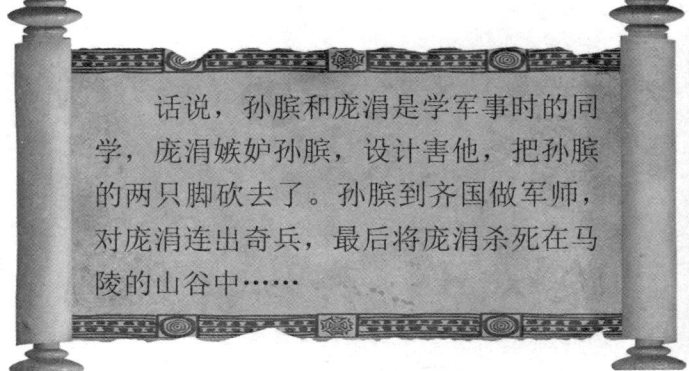

话说，孙膑和庞涓是学军事时的同学，庞涓嫉妒孙膑，设计害他，把孙膑的两只脚砍去了。孙膑到齐国做军师，对庞涓连出奇兵，最后将庞涓杀死在马陵的山谷中……

孙膑与庞涓

经典诵读

昔者，梁君将攻邯郸，使将军庞涓，带甲八万至于茌丘。齐君闻之，使将军忌子，带甲八万至……竟。庞子攻卫□□□。将军忌[子]……卫□□，救与……曰："若不救卫，将何为？"孙子曰："请南攻平陵。平陵，其城小而县大，人众甲兵盛，东阳战邑，难攻也。吾将示之疑。吾攻平陵，南有宋，北有卫，当途有市丘，是吾粮途绝也，吾将示之不知事。"于是徙舍而走平陵，忌子召孙子而问曰："事将何为？"孙子曰："都大夫孰为不识事？"曰："齐城、高唐。"孙子曰："请取所……二大夫□以□□□臧□□都横卷四达环涂□横卷所□阵也。环涂甲之所处也。吾未甲劲，本甲不断。环涂击柀其后，二大夫可杀也。"于是段齐城、高唐为两，直将蚁附平陵。夹环涂夹击其后，齐城、高唐当

87

术而大败。将军忌子召孙子问曰:"吾攻平陵不得而亡齐城、高唐,当术而厥。事将何为?"孙子曰:"请遣轻车西驰梁郊,以怒其气。分卒而从之,示之寡。"于是为之。庞子果弃其辎重,兼趣舍而至。孙子弗息而击之桂陵,而擒庞涓。故曰,孙子之所以为者尽矣。

注释

[1]《孙膑兵法》是一部内容丰富、极有价值的重要著作,值得人们好好阅读,仔细咀嚼,用心领悟。我们今天看到的《孙膑兵法》系根据竹简整理而成,因此残缺较多,文中用口或[口]表示缺字,缺字较多的地方则以……表示。

[]中的文字系银雀山汉墓竹简整理小组所补加。

译文

从前,魏国国君惠王准备攻打赵国都城邯郸,便派出大将庞涓统领八万大军到达卫国的茌丘。齐国国君威王得到消息后,立即派大将田忌带领八万军兵开到齐国和卫国边境。庞涓攻打卫国,形势十分危急。田忌将军要救卫国,但有种种难以克服的困难,一时无计可施,便和谋士孙膑商议。孙膑指出,不能直接去救卫国。田忌一听,十分着急,便问道:"如果不去救卫国,那怎么办呢?"孙膑说:"请将军南下攻打魏国的平陵。平陵城池虽小,但管辖的地区很大,人口众多,兵力很强,是东阳地区的战略要地,艰难攻克。我军可以故意在这里用兵,以便迷惑敌军。我军攻打平陵,平陵南面是宋国,北面是卫国,进军途中还要经过魏国的市丘,我军的运粮通道很容易被切断。我们要故意装出不知道这种危险。"田忌接受了孙膑的计谋,拔营向平陵进军。接近平陵时,田忌又请来孙膑,问道:"该怎么攻打平陵呢?"孙膑说:"大将军,您难道还

不明白我们的计谋吗？"田忌说："分兵齐城、高唐。"孙膑说："请派两位将领带兵从齐城、高唐攻击环涂地区魏军。环涂是魏军屯驻之地。我军派出前锋发起猛烈进攻，主力部队却按兵不动。环涂的魏军必定会反击，两位将军可能打败仗，甚至牺牲。"于是，田忌分兵两路，从齐城、高唐直向平陵进击。果然不出孙膑所料，环涂两处魏军从后面夹击齐军，两路齐军大败。田忌急忙召孙膑问计："我军没攻下平陵，反而失去齐城、高唐，遭受很大损失，现在该怎么办呢？"孙膑说："请立即派出轻装战车，往西直捣魏国都城城郊，激怒庞涓。庞涓必定回兵救魏国国都。我军只需分出少数兵力和庞涓交战，显出我军兵力单薄的样子。"田忌一一照办。庞涓果然丢掉辎重，昼夜兼程回救魏都。孙膑带领主力部队在桂陵埋伏，一举战胜庞涓。所以，人们赞叹说，孙膑用兵真是绝了。

赏析

本篇记述孙膑在"围魏救赵"之战中，用"避实击虚"、"攻其必救"等办法，在桂陵大破魏军，俘获庞涓。这是孙膑运用他的军事思想取得胜利的著名战例。这一战例，已经流传了两千多年，至今仍为中外人士所津津乐道和效法。孙膑的光辉战例，对后世影响很大。古今中外，不少军事家效法孙膑"围魏救赵"的灵活机动的战略战术。毛泽东继承和发展了孙膑的军事思想，创造性提出了游击战和运动战的战略思想，指导中国人民取得了抗日战争和解放战争的胜利，建立了新中国。

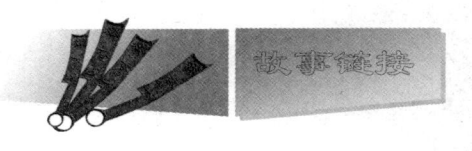

故事链接

田忌赛马

齐国君臣间常以赛马赌输赢为戏。田忌因自己的马总不及齐王的马，经常赛输。有一次孙膑目睹了齐王与田忌的三场赛马之后，对田忌说："君明日再与齐王赛马，可下大赌注，我保您赢。"

中华传统文化

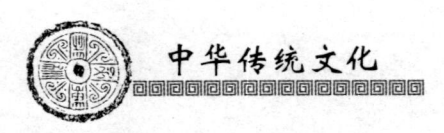

田忌一听，当即与齐王约定赛马，并一注千金。第二天，观众达千人。齐王的骏马耀武扬威，十分骠悍。田忌有些不安，问孙膑："先生有什么办法，使我一定取胜呢？"孙膑道："齐国最好的马，自然都集中在齐王身边。我昨天看过，赛马共分三个等级，而每一级的马，都是您的比齐王稍逊一筹。若按等级比赛，您自然三场皆输。可我们可以这样安排：以您第三等的马与齐王一等的马比赛，必然大输。但接下来，以您一等马与齐王二等马、以您二等马与齐王三等马去赛，就可胜利。因此从总结果看，二比一，您不就获胜了吗？"

田忌一拍额头："我怎么就不会动脑筋呢？"于是按孙膑的话做，果然赢了齐王千金。只这一件小事，足以体现孙膑的聪明智谋。齐国上下无不交口称赞。

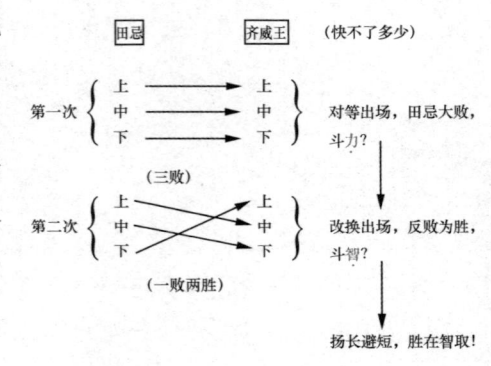

	田忌		齐威王	（快不了多少）
第一次	上 中 下	→ → →	上 中 下	对等出场，田忌大败，斗力？
	（三败）			
第二次	上 中 下	⤫	上 中 下	改换出场，反败为胜，斗智？
	（一败两胜）			

扬长避短，胜在智取！

拓展活动

一个高明的军事家不仅要熟知兵法，更要善于审时度势，根据当时当地的实际情况，灵活地、创造性地运用兵法，敢于打破常规，善于出奇制胜。同样道理，要解开纷乱的丝线，不能用手强拉硬扯；要排解别人打架，不能直接参加进去打。"古人所谓'运用之妙，存乎一心'，我们叫做灵活性，这是聪明人的做法。当今的世界和中国，都处于激烈的市场竞争之中，结合本课说说如何才能立于不败之地。"

参考文献：1.《孙膑兵法》
2.《史记》卷六十五《孙子吴起列传第五》

银 豆

蒜头壶

第六单元

稷下论坛——纵横家

以齐国稷下学宫为中心，中国学术思想史上出现了一场不可多见、蔚为壮观的"百家争鸣"现象，稷下学者（纵横家们）总是针对当时的热点问题阐述政见。他们学识渊博，长于分析问题，在表述上旁征博引，穷尽事理，具有一定的理论性和学术性，由于稷下学者学派不同，看问题的角度不同，解决问题的方案有异，故会竞长论短，争论不已，让我们一起走进稷下纵横家们，领略他们的能言善辩吧。

第21课　淳于子辑"孟尝君前在于薛"

出自《战国策·齐策》三

游说的技巧很多，但其中很关键的一条是既要站在对方的立场上为对方考虑，同时还能解决了自己的问题，这样更便于对方从心理上接受。

孟尝君

经典诵读

孟尝君在薛，荆人攻之。淳于髡为齐使于荆，还反过薛。而孟尝令人体貌而亲郊迎之。谓淳于髡曰："荆人攻薛，夫子弗忧，文无以复侍矣。"淳于髡曰："敬闻命。"

至于齐，毕报。王曰："何见于荆？"对曰："荆甚固，而薛亦不量其力。"王曰："何谓也？"对曰："薛不量其力，而为先王立清庙。荆固而攻之，清庙必危。故曰薛不量力，而荆亦甚固。"齐王和其颜色曰："嘻！先君之庙在焉！"疾兴兵救之。

颠蹶之请，望拜之谒，虽得则薄矣。善说者，陈其势，言其方，人之急也，若自在隘窘之中，岂用强力哉！

田　文

中华传统文化

译文

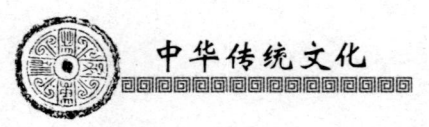

孟尝君住在薛地，楚人攻打薛地。淳于髡为齐国出使到楚国，回来时经过薛地。孟尝君让人准备大礼并亲自到郊外去迎接他。孟尝君对淳于髡说："楚国人进攻薛地，先生不要忧虑，只是我以后不能再伺候您了。"淳于髡说："我明白您的意思了。"

淳于髡回到齐国，汇报完毕。齐闵王说："在楚国见到什么了？"淳子髡回答说："楚国人非常顽固，然而薛地人也太不自量力。"齐闵王说："你说的是什么意思？"淳于髡回答说："薛人不自量力，而为先君立宗庙。楚国人顽固而要攻打薛地，宗庙一定危险。所以说薛人不量力而行，楚国人也太顽固。"齐闵王面色和蔼地说："啊？先君的宗庙在那里呀！"齐闵王遂急速发兵去援助薛地。

如果孟尝君惊慌地跑去求救，仰望参拜去乞援，即使得到那也是很微薄的。善于游说的人，陈述形势，谈论方略，别人听了也会着急，就像自己也在困境中一样，哪里用得着使用很大力量去求援呢！

淳于髡

淳于髡劝谏齐威王

赏析

孟尝君和淳于髡都是成功的。孟尝君没有局限在自己的困境上一味地乞求淳于髡，而是说以后不能再伺候您了。而淳于髡也没有局限于孟尝君的困境去请求齐闵王发兵，而是说："先君的宗庙在那里呀！"这样抓住了齐闵王的心理特点，让齐闵王自己着急发兵去了。从这个故事可以看出有时在对别人进行游说时要更多地站在对方的立场上去考虑，将自己的事隐藏在对方的事情中，这样对方更能从心理上接受，同时又解决了自己的问题。

故事链接

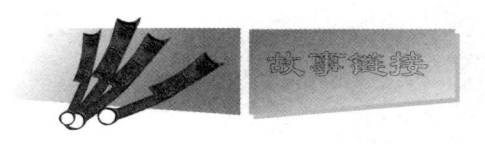

多为对方着想更易说服别人

A 和 B 都是保险推销员。A 资历深、路子广，对 B 总是不屑一顾。一次，他们同时听说了一个潜在大客户，都想把他拿下来。

A 以为有人介绍好做单，就找人和潜在大客户先接触了一阵子，然后挑了最贵、最挣钱的险种给客户。而 B 呢，他首先站在客户的立场上，考虑客户到底需要什么，最适合什么，并为他设计了详细的保险计划，然后亲自登门，对客户进行游说。

结果可想而知，一个月后，B 顺利攻下了这个多虑而谨慎的客户。

A 之所以失败，就是因为他没有站在顾客的角度考虑问题。他虽然专业知识比 B 过硬，而且还有人介绍，但任何人一旦涉及切身利益时，他还是会考虑清楚哪个更适合自己的。

所以，最有效的说服技巧，就是"站在对方的立场做自己的事"。替别人着想，为其排忧解难，别人自会心知肚明，权衡利弊，听信于你。

拓展活动

历史上很多说客能很好地抓住对方的心理进行游说，名义上是为了对方考虑，为对方负责，而实际上是为了达到自己的个人目的，请同学们利用手中的资料或者网络搜集部分这样的故事和同学们进行分享。

中华传统文化

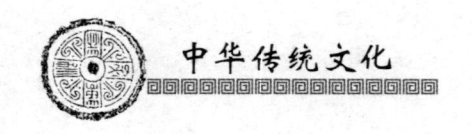

第22课　淳于子辑"齐欲伐魏"

出自《战国策·魏策》三

行贿受贿在古往今来的官场上是最为卑劣的事，为私利而损公益就是腐败的特征。贿赂腐败古已有之。但是古人也懂变通之法，看看他们怎么对待贿赂的。

淳于髡

经典诵读

齐欲伐魏，魏使人谓淳于髡[1]曰："齐欲伐魏，能解魏患，唯[2]先生也。敝邑有宝璧二双，文马二驷，请致之先生。"淳于髡曰："诺。"入说齐王曰："楚，齐之仇敌也；魏，齐之与国也。夫伐与国，使仇敌制其余敝，名丑而实危，为王弗取也。"齐王曰："善。"乃不伐魏。

客谓齐王曰："淳于髡言不伐魏者，受魏之璧、马也。"王以[3]谓淳于髡曰："闻先生受魏之璧、马，有诸[4]？"曰："有之。""然则先生之为寡人计之何如？"淳于髡曰："伐魏之事不便，魏虽刺髡，于王何益？若诚不便，魏虽封髡，于王何损？且夫[5]王无伐与国之诽，魏无见亡之危，百姓无被兵之患，髡有璧、马之宝，于王何伤乎？"

淳于髡

96

注释

[1]淳于髡（chún yú kūn）（约公元前386年至公元前310年），黄县（今山东省龙口市）人，战国时期齐国著名的政治家和思想家。齐国赘婿，齐威王用为客卿。然与邹忌同时，略长于孟子，主要活动在齐威王和齐宣王之际。淳于髡以博学多才、善于辩论著称，是稷下学宫中最具有影响的学者之一。司马迁《史记》说他"齐之赘婿也，长不满七尺，滑稽多辩，数使诸侯，未尝屈辱"。并将之将来《滑稽列传》之首。

[2]唯：只有。[3]以：即刻。[4]有诸：有这事吗？[5]夫：发语词，放在句首，无实意。

译文

齐国要讨伐魏国，魏国派人对淳于髡说："齐国要讨伐魏国，能够解除魏国祸患的，只有先生了。敝国有两对宝贵的璧玉，两辆四马拉的绘彩马车，请允许我把这些送给先生。"淳于髡说："好吧。"就入宫对齐王说："楚国，是齐国的仇敌；魏国，是齐国的盟国。进攻盟国，让仇敌趁自己疲备来挟制自己，名声很坏实质上也很危险，我认为大王不该这样做。"齐王说："好。"于是就没有讨伐魏国。

一位客人对齐王说："淳于髡劝说不攻打魏国，是因为他收受了魏国的璧玉、宝马。"齐王因此对淳于髡说："听说先生接受了魏国的璧玉、宝马，有这事吗？"淳于髡回答说："有这事。""既然如此，那么先生替寡人怎么考虑的呢？"淳于髡说："如果讨伐魏国的事是有利的，魏国即使刺杀我，对于大王来说，又有什么好处呢？如果讨伐魏国确实不利，魏国即使封赏我淳于髡，对大王又有什么损害呢？况且大王不会遭到讨伐盟国的非议，魏国没有被灭亡的危险，百姓没有兵灾的祸患，我淳于髡得到璧玉、马匹这些宝物，对于大王又有什么损伤呢？"

赏析

淳于髡成功的一大原因是善于用典来劝谏，这样的好处就是通俗易懂，使人更容易信服。

淳于髡巧舌如簧，不仅改变了齐国的进兵方略，而且也改变了齐王对他受贿一事的看法。受贿当然是一件不光彩的事情，但是淳于髡认为它与国家进兵方略来比显得微不足道，甚至毫无关系，"我"提的意见真的是不错的建议，这与"我"受贿与否毫无关系。事实本身不能言说自己，只有人的语言给事实以不同的解释和说明。只要学会解释，任何事实的意义都会变得对你有利。

淳于髡用形象的寓言故事巧谏君王，避免了一场战争，可谓大功一件啊。

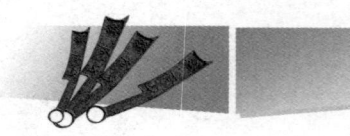

齐欲伐魏

齐国要讨伐魏国，淳于髡对齐王说："韩子卢是天下跑得极快的犬，东郭逡是四海内极狡猾的兔子。韩子卢追逐东郭逡，围绕着山追了三圈，翻山越岭追了五次。兔子跑在前面，犬跟在后面，犬与兔都疲惫至极，分别死在了自己所在的地方。农夫看见并抓获它们，没有费一点力气，就独自获得了利益。现在齐国与魏国长期相对峙，以致使士兵困顿，百姓疲乏，我担心强大的秦国和楚国会等候在背后，坐收农夫之利呀。"齐王害怕了，遣散了将帅，让士兵们都回家休息了。

拓展活动

说话技巧在人际交往，尤其是在重要的外交关系中，起着举足轻重的作用。历史上有许多名士善用寓言，巧妙地化解危机，请同学们找一找这些寓言故事，看谁的积累更丰富。

第23课　鲁连子《论孟尝君未好士》节选

出自《战国策·齐策》

据史载，鲁仲连自幼勤奋好学，博闻强识，思维敏捷，口若悬河，但不尚空谈，唯务时事，可谓一代富有特色的辩才。他曾拜徐劫为师，攻"势数"之学，登堂入室，颇得真传，显出了过人的聪颖，被时人称为"千里驹"。他三难闻名遐迩的四公子之一孟尝君便是明证。

鲁连子像

经典诵读

鲁仲连谓孟尝："君好士也，雍门养椒亦，阳得子养，饮食、衣裘与之同之，皆得其死。今君之家富于二公，而士未有为君尽游者也。"君曰："文不得是二人故也。使文得二人者，岂独不得尽？"对曰："君之厩马百乘，无不被绣衣而食菽（shū）粟（sù）者，岂有骐麟騄耳哉？后宫十妃，皆衣缟（gǎo）纻（zhù），食粱肉，岂有毛嫱（qiáng）、西施哉？色与马取于今之世，士何必待古哉？故曰君之好士未也。"

注释

[1]孟尝君一般指田文（战国四公子之一）。田文，战国时齐国的贵族，战国四君子之一。齐国宗室大臣。其父靖郭君田婴是齐威王幼子。因封袭其父爵于薛国（今山东省滕州市官桥镇），又称薛公，号孟尝君。门下有食客数千。

[2]鲁仲连，又名鲁连和鲁仲子，战国末年著名的平民思想家、辩论家和卓越的社会活动家，是齐国稷下学派后期代表人物，其事迹在《史记》《战国策》《太平御览》等史籍中多有记载。鲁仲连生逢乱世，然少年有志，求学于临淄稷下学宫。因其勤学善思、博闻强识而深得老师喜爱，尤其他思维敏捷、口若悬河，在十二岁时便和当时有名的稷下辩士田巴交锋舌战，以雄辩的口才驳倒田巴而闻名遐迩。

译文

鲁仲连对孟尝君说："您是喜爱贤士的吗？过去雍门供养椒亦，阳得子供养人才，饮食和衣物都和自己相同，门客们都愿意为他们以死效力。如今您的家比雍门子、阳得子富有，然而士却没有为您尽力的人。"

孟尝君说："这是因为我没有得到像椒亦那样两位贤人的缘故。假如我得到这两个人，难道不能使他们为我尽力？"

鲁仲连回答说："您的马棚里有拉一百辆车子的马，没有一匹不披着锦绣的马衣并吃着豆子和米类饲养的，难道只有麒麟，骡耳才可以有这样的待遇吗？后宫的十个妃子，都穿着洁白细布衣，吃的是上等的米和肉，难道只有毛庙、西施那样的美女才能有这样的待遇吗？您的美女与骏马都是从当世选取的，何必等待古时候那样的贤士？因此说您喜欢贤士还是很不够的。"

赏析

鲁仲连曾批评孟尝君跟风式养士的虚伪性，以雍门子和阳得子二人为例来反衬孟尝君轻贤贱士的做法，当孟尝君辩解说不是自己薄士而是士今不如古之时，鲁仲连又用"善养所有的马终得良马，厚待所有的宫妃终得淑女"等事实类比出"应该礼待所有的士以求贤才"的观点，提醒孟尝君应该普遍提高士的待遇，平等真诚的对待门客，只有这样，才能真正得到像古时候那样的贤才。

走进齐文化 九

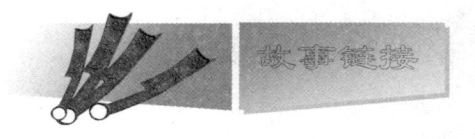

故事链接

自从齐王因受诽谤之言的蛊惑而罢免了孟尝君，那些宾客们都离开了他。后来齐王召回并恢复了孟尝君的官位，冯谖去迎接他。还没到京城的时候，孟尝君深深感叹说："我素常喜好宾客，乐于养士，接待宾客从不敢有任何失礼之处，有食客三千多人，这是先生您所了解的。宾客们看到我一旦被罢官，都背离我而离去，没有一个顾念我的。如今靠着先生得以恢复我的宰相官位，那些离去的宾客还有什么脸面再见我呢？如果有再见我的，我一定唾他的脸，狠狠地羞辱他。"听了这番话后，冯谖收住缰绳，下车而行拜礼。孟尝君也立即下车还礼，说："先生是替那些宾客道歉吗？"冯谖说："并不是替宾客道歉，是因为您的话说错了。说来，万物都有其必然的终结，世事都有其常规常理，您明白这句话的意思吗？"孟尝君说："我不明白您说的是什么意思。"冯谖说："活物一定有死亡的时候，这是活物的必然归宿；富贵的人多宾客，贫贱的人少朋友，事情本来就是如此。您难道没看到人们奔向市集吗？天刚亮，人们向市集里拥挤，侧着肩膀争夺入口；日落之后，经过市集的人甩着手臂连头也不回。不是人们喜欢早晨而厌恶傍晚，而是由于所期望得到的东西市中已经没有了。如今您失去了官位，宾客都离去，不能因此怨恨宾客而平白截断他们奔向您的通路。希望您对待宾客像过去一样。"孟尝君连续两次下拜说："我恭敬地听从您的指教了。听先生的话，敢不恭敬地接受教导吗？"

拓展活动

深邃的思想，高尚的人格，超人的智慧，造就了一个富有个性和传奇色彩的鲁仲连；是历史的造化，还是人缘的巧合，才有鲁仲连和孟尝君的协作故事；有鲁仲连这样的谋士高参相助，才成就了一代贤君名相孟尝君。太史公司马迁总结鲁仲连一生"在布衣之位，荡然肆志，不拙于诸侯，谈说于当世，折卿相之权"；晋代左思评价他"功成不受赏，高节卓不群"。在鲁仲连身上，有我们科圣老乡墨子"兼爱""非攻"的思想，有"不在其位，亦谋其政"的平民参政意识，有"视金钱如粪土、视功名如浮云"的精神，千百年来受人敬仰和缅怀。

中华传统文化

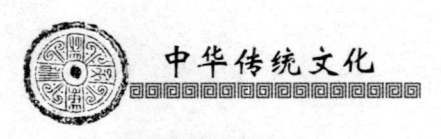

第24课　鲁连子《论田单攻狄城》节选

出自《战国策》

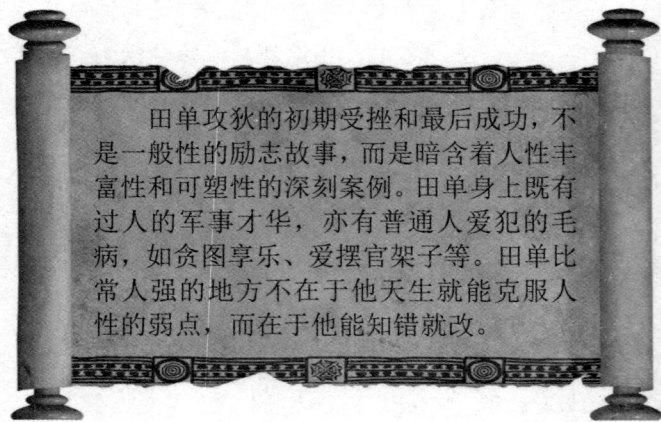

田单攻狄的初期受挫和最后成功，不是一般性的励志故事，而是暗含着人性丰富性和可塑性的深刻案例。田单身上既有过人的军事才华，亦有普通人爱犯的毛病，如贪图享乐、爱摆官架子等。田单比常人强的地方不在于他天生就能克服人性的弱点，而在于他能知错就改。

经典诵读

田单[1]将攻狄，往见鲁仲子。仲子曰："将军攻狄，不能下也。"田单曰："臣以五里之城，七里之郭[2]，破亡余卒，破万乘之燕，复[3]齐墟。攻狄而不下，何也？"上车弗谢[4]而去。遂攻狄，三月而不克之也。齐婴儿谣曰："大冠若箕，修剑拄颐；攻狄不能下，垒枯丘。"

田单乃惧，问鲁仲子曰："先生谓单不能下狄，请闻其说！"鲁仲子曰："将军之在即墨，坐而织蒉[5]，立则丈插[6]，为士卒倡[7]曰：'可往矣！宗庙亡矣，魂魄丧矣，归于何党矣！'当此之时，将军有死之心，而士卒无生之气，闻若言，莫不挥泣奋臂而欲战。此所以破燕也。当今将军东有夜邑之奉，西有淄上之娱，黄金横带，而驰乎淄渑之间，有生之乐，无死之心。所以不胜者也！"

田单曰："单有心，先生志[8]之矣！"

明日，乃厉气循城，立于矢石之所及，乃援枹鼓之，狄人乃下。

注释

[1]单：战国时齐人，以功封安平君。

[2]郭：外城。

[3]复：收复。

[4]谢：告辞。

[5]织蒉（kuì）：编织草筐，蒉：草编的筐子。

[6]丈插：即"杖锸"，拄着铁锹。

[7]倡：通"唱"。

[8]志：记住。

译文

田单将要进攻狄城，去拜见鲁仲连，鲁仲连说："将军进攻狄城，是会攻不下的。"田单说："我曾以区区即墨五里之城（内城），七里之郭（外城），带领残兵败将，打败了万乘（战车）的燕国，收复了失地，为什么进攻狄城，就攻不下呢？"说罢，他登车没有告辞就走了。随后，他带兵进攻狄城，一连三月，却没攻下。齐国的小孩唱着一首童谣说："高高的官帽像簸箕，长长的宝剑托腮齐，攻打狄城不能下，梧丘筑城空伤悲。"

田单听了有些害怕，便去问鲁仲连："先生说我攻不下狄城，请听听您讲的道理吧。"鲁仲连说："将军从前在即墨时，坐下去就编织草袋，站起来就舞动铁锹，身先士卒，您号召说：'勇敢地杀上战场，神圣的祖国将要灭亡，我们个个就会走进坟场，只有一条路，勇敢地杀上战场。'在那时，将军有决死之心，士卒无生还之意，听了您的号召，（士卒们）没有一个不挥泪振臂，奋勇求战。这就是当初您打败燕国的原因。现在，将军您，东可收纳夜邑封地的租税，西可在淄水之上尽情地欢乐，金光闪闪的宝剑横挎在腰间，驰骋在淄水，渑水之间，现在您有贪生的欢乐，没有战死的决心。这就是您攻不下狄城的原因。"

田单说："我有决死之心，先生您就看着吧！"

中华传统文化

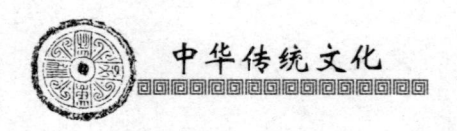

第二天,他就激励士气,巡视城防,选择敌人的石头箭弩攻击范围之内的地方擂鼓助威,狄城终于被攻下了。

赏析

权力和富贵的侵蚀,不但会改变一个人的心态,使其变得傲慢、嚣张,有时甚至还会降低一个人的智商,减损他的才华。这个规律在田单身上也得到了验证。田单原本是齐国临淄城的一个协管员,后来齐国受到了燕国大将乐毅率领的五国联军的进攻,齐国差点被灭。关键时刻,田单靠"火牛阵"实现了绝地反击,打败了燕国大军,齐国得以复国。论功行赏,田单就当上了齐相。坐稳了齐相的高位之后,田单慢慢地变成了既得利益集团中的一员。

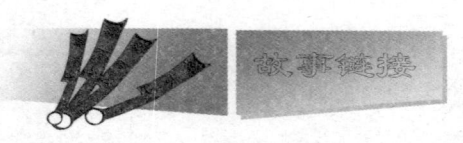

故事链接

田单是齐国的一位大将军,有一次,他决定去攻打狄国,临行前,去请教鲁仲子。

田单问鲁仲子:"我准备带兵去攻打狄国,先生认为此行会怎么样?"

鲁仲子摇摇头:"恕我直言,此次出击,不会顺利。"

田单心中不快,却依然心平气和地问道:"此话怎讲?"

鲁仲子说:"将军此番一定不能攻克城池。"

田单反问道:"上次攻打即墨,那么大的一个城池,用的都是一些老弱残兵,尚且能打败千军万马的燕国,收复了齐国的失地。这一次攻打如此小的一个狄国有什么难的呢?"说完,也不告辞,拂袖而去。

田单率兵出发攻打狄国,一连苦苦战斗了三个多月,仍不见分晓。田单的队伍人困马乏,精神萎靡。

有一天,田单坐在帐内,心中烦闷,突然听到帐外传来孩子们唱的童谣。他仔细听来,虽没有听清全部歌词,但歌词的大意却听明白了:"田单的军队,装备很整齐,打仗却不行,长枪如同烧火棍,士兵无用像狗熊……"

走进齐文化 九

田单听了这首歌，心里很纳闷，坐立不安，在帐子里来回踱步，最后决定还是去请教一下鲁仲子。

田单想起当初鲁仲子曾说过一定攻不下狄城的预见，心里惊异鲁仲子的明断，因此，诚心诚意地对鲁仲子说："先生请原谅我上次的无礼，你的预见果然不错，请指教这究竟是为什么？"

鲁仲子说："上次攻打燕国，是为收复家园而背水一战，你和士兵皆士气高昂。此次已不同以往，你金钱封地样样俱全，已习惯高高在上做大将军，如何带动起士兵冲锋陷阵？"

田单心服口服，回到军营后，和士兵同甘共苦，鼓舞士兵，果然很快攻下了城池，打败了狄国。

拓展活动

用孔子的划分方法，他属于"困而知之者"，遇到了困难，经高人一点拨，自己立马能明白。这样的人虽比不上"生而知之者"和"学而知之者"，但总要比那些跋扈嚣张、一意孤行的刚愎自用之人要强很多。高官厚禄会给人带来舒适的享受，可是，很多人都忽略了一点：贪图享乐本身就足以使人丧失斗志，无法很好地激励自己、引领他人。若不对这种负面力量抱以足够的警惕，即便神勇如田单者，亦不免受困于狄人。

《齐民要术》是北魏时期的中国杰出农学家贾思勰所著的一部综合性农书，也是世界农学史上最早的专著之一。是中国现存的最完整的农书。书名中的"齐民"，指平民百姓。"要术"指谋生方法。《齐民要术》大约成书于北魏末年（533—544年），《齐民要术》分为十卷，共九十二篇，十一万字。书中内容相当丰富，涉及面极广，包括各种农作物的栽培，各种经济林木的生产，以及各种野生植物的利用，等等；同时，书中还详细介绍了各种家禽、家畜、鱼、蚕等的饲养和疾病防治，并把农副产品的加工（如酿造）及食品加工、文具和日用品生产等形形色色的内容都囊括在内。因此说《齐民要术》对我国农业研究具有重大意义。

第七单元 《齐民要术》文选

走进齐文化 九

第25课 《大豆第六》节选

出自《齐民要术卷第二·大豆第六》

中国是大豆的原产地，栽培历史悠久，数千年来，积累了大量的栽培经验，成书于六世纪三十年代的《齐民要术》总结了当时大部分的农业生产知识，是中国乃至世界范围内保存最古老最系统的农学专著。

贾思勰

经典诵读

春大豆，次植谷之后。二月中旬为上时，一亩用子八升。三月上旬为中时，用子一斗。四月上旬为下时。用子一斗二升。岁宜晚者，五六月亦得；然稍晚稍加种子。

地不求熟。地过熟者，苗茂而实少。

收刈[1]晚。刈早损实。

叶落尽，然后刈。叶不尽，则难治。

注 释

[1]刈（yì）：收割。

中华传统文化

翻译

　　春大豆，在种过早谷子之后就种。二月中旬是上好的时令，一亩用八升种子。三月上旬是中等时令，一亩用一斗种子，最晚不能过四月上旬，一亩用一斗二升种子。年岁宜于晚种的，五月、六月也可以种；不过晚了要多加些种子。

　　地不要求很熟。过熟的地，苗徒然长得茂盛，但子实反而少。

　　收割要晚。割早了反而籽粒不饱满受损失。

　　叶子落尽了，然后收割。叶子没有落尽，整治起来就麻烦。

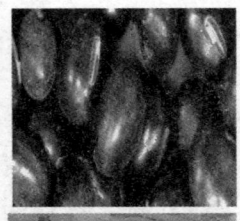

知识链接

　　（1）《神农书》载："大豆生于槐，出于沮石之山谷中。"《诗经》中有云"中原有菽，庶民采之""岁聿云莫，采萧获菽""九月筑场圃，十月纳禾稼，黍稷重穋，禾麦菽麻"，从"采"到"获"到"纳"，说明大豆（菽）随着原始农业的发展，而逐渐被人类作为非常重要的农作物专门在农用田里进行培植，大豆的种植历史由此开始。

　　（2）大豆营养全面，含量丰富，其中蛋白质的含量比猪肉高两倍，是鸡蛋含量的 2.5 倍。蛋白质的含量不仅高，而且质量好。大豆蛋白质的氨基酸组成和动物蛋白质近似，其中氨基酸比较接近人体需要的比值，所以容易被消化吸收。如果以大豆和肉类食品、蛋类食品搭配着来吃，其营养可以和蛋、奶的营养相比，甚至还超过蛋和奶的营养。

　　大豆中含有丰富的钙、磷、镁、钾等无机盐，还含有铜、铁、锌、碘、钼等微量元素。大豆中的钙、磷与蛋白质相结合，容易被人体消化吸收。

拓展活动

　　请同学们课下向附近的农民伯伯了解临淄区种植大豆的历史并搜集资料介绍大豆的营养价值及食用方法。

第26课 《栽树第三十二》节选

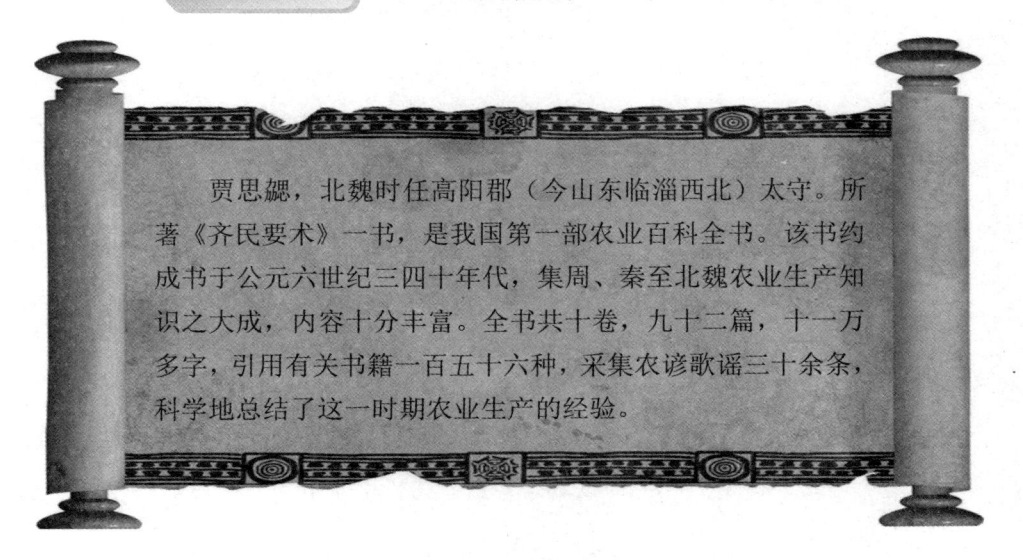

贾思勰，北魏时任高阳郡（今山东临淄西北）太守。所著《齐民要术》一书，是我国第一部农业百科全书。该书约成书于公元六世纪三四十年代，集周、秦至北魏农业生产知识之大成，内容十分丰富。全书共十卷，九十二篇，十一万多字，引用有关书籍一百五十六种，采集农谚歌谣三十余条，科学地总结了这一时期农业生产的经验。

经典诵读

李衡[1]于武陵龙阳汛州[2]上作宅，种甘桔千树。临死，敕[3]儿曰："吾州里有千头木奴，不责[4]汝衣食，岁上一匹绢，亦可足用矣。"吴末，甘桔成，岁得绢数千匹。恒[5]称太史公所谓"江陵千树桔，与千户侯等"者也。

樊重[6]欲作器物，先种梓、漆[7]，时人嗤之；然积以岁月，皆得其用，向之笑者，咸求假焉。此种植之不可已已[8]也。谚曰："一年之计，莫若树谷；十年之计，莫如树木。"此之谓也。

中华传统文化

注释

[1]李衡：三国时吴人，做过丹阳太守。[2]氾州：大沙洲。[3]敕：告诫。[4]责：要求。[5]恒：通常。[6]樊重：东汉人，光武帝刘秀的外祖父。[7]梓、漆：梓树和漆树。梓树是好木材，漆树可以产漆。[8]已已：停止。

译文

李衡在武陵龙阳氾洲上造宅子，种了上千棵柑橘。临终时，他告诉儿子说："我们州里有上千头木奴（暗指千棵柑橘树），不需要你提供衣食来养护'他们'，每年给你献上一匹绢，也足够你使用了。"后来柑橘长成，一年得绢几千匹。樊重想制做器物，先种梓、漆，当时人嗤笑他这种做法。然而岁月久了，它们（指所种树木）都派上了用场。先前嘲笑他的人，都来向他求借。这种种植之法是不会被废止的呀。谚语说："一年的打算，不如种谷物；十年的计划，不如种树。"说的就是以上道理。

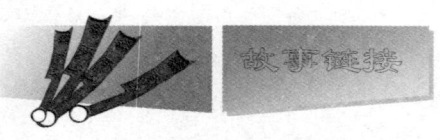

故事链接

北魏末年贾思勰所著《齐民要术》，是一部总结农业生产技术的著作，"齐民"是使人民丰衣足食，"要术"是重要的方法。

贾思勰出生于寿光城西南的一个富裕家庭，他从小喜爱读书，常常手不释卷。他年轻时在高阳郡当太守时，重视发展农业，他一边努力读书，一边深入民间，向农民、牧民学习生产知识，还把民间关于气候、季节、耕种的谚语收集起来。他还在府中开出一块地种菜，自己养些鸡鸭牛羊。贾思勰从书本中和实践中积累了大量资料，为写好《齐民要术》准备了充分的条件。

北魏时候，并州不产大蒜，农民想种，就从朝歌买来上等蒜种，种上后收获的却是蒜瓣很小、味道也不辣的小蒜头。菜农们就去请教贾思勰。贾思勰说，这是因为地势、土壤、气候不同的缘故。因此，种什么庄稼，必须了解当地的自然

条件，种植适应当地条件的作物，才能用力少，收成多，切不可不考虑当地的条件，盲目地干。

贾思勰主张从事农业和畜牧业生产，要注意实际的效果，不要只看到表面的形式。他以养鸡为例，养鸡的人总是喜欢生蛋多的鸡，那就要选秋天或冬天孵出的鸡种，不要选春天或夏天孵出的鸡种。秋冬孵出的鸡虽然个子小，毛色浅，脚也细短，外表不好看，可是生蛋多，又会孵小鸡；春夏孵出的鸡虽然个头大，毛色鲜艳，却爱到处跑，不爱生蛋。要想多收鸡蛋，就不能被鸡的外表迷惑，而应当依据实际效果来选择。

贾思勰根据亲身体会，总结出从事农业和畜牧业生产要细心观察，积累经验，不能光凭自己的好心。他自己养了一群羊，为了让羊多吃草，多长膘，就往羊圈里放了许多草料。谁知道没过多久，羊却一头一头地死了。这是什么缘故呢？他想来想去也找不出原因。后来他跑了一百多里路找到一位富有经验的老羊倌，才弄清了羊的死原因。老羊倌告诉他，羊是最爱干净的，把大量草料放在圈里，许多羊在上面吃，羊边吃边踩，还在草料上排泄。这样脏的草料爱干净的羊怎么肯吃呢！羊吃不饱，就慢慢地饿死了。贾思勰没有摸清羊爱干净的习惯，结果好心办了坏事。他把这样的经验也写进了《齐民要术》。

贾思勰写《齐民要术》，注意实事求是，他对古书上记载的或听人说的一些谷类和瓜果，凡是出产在国外的，自己没有亲眼见的，只在书上记个名字，不写种植方法。不知道的东西绝不随便说。

拓展活动

介绍枣树、桃树、李树、栗树、木瓜、花椒等果树的栽培和养护技术；介绍桑树、榆树、槐树等经济林木的种植和管理方法。

中华传统文化

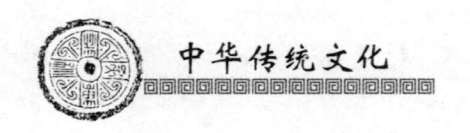

第27课　《养鸡第五十九》节选

出自《齐民要术》文选

贾思勰（xié），北魏时寿光人，是中国古代杰出的农学家，所著《齐民要术》系统地总结了六世纪以前黄河中下游地区农牧业生产经验、食品的加工与贮藏、野生植物的利用，包括种植菜蔬果木、养殖畜禽鱼类及各类食品加工的技术知识，是中国第一部完整的农业科学著作。

贾思勰

经典诵读

《齐民要术》[1]：鸡种，取桑落时生者良[2]。形小、浅毛、脚细短者是也；守窠，少声[3]，善育雏子。春夏生者则不佳[4]。形大，毛羽悦泽，脚粗长者是；游荡饶声，产、乳易厌。既不守窠，则无缘蕃息也。

鸡，春夏雏，二十日内无令出窠，饲以燥饭。出窠早，不免乌鸱；与湿饭，则令脐[5]脓也。

鸡栖[6]，宜据地为笼，笼内著栈。虽鸣声不朗，而安稳[7]易肥，又免狐狸之患。若任之树林，一遇风寒，大者损瘦，小者或死[8]。

鸡雏

注释

[1] 引自《齐民要术·养鸡第五十九》。

[2] 鸡种："种鸡"。

[3] 守窠少声：如后文所见"窠"是母鸡下蛋的地方，"守窠"是指下蛋多。所以把"守窠"与"少声"连用。通常母鸡下过蛋，好大声地叫喊"搁蛋"，这种秋生的母鸡却不爱叫唤。

[4] 前说用桑落叶时的秋雏作种最好。

[5] 脐：哺乳类动物，有维系胞衣的脐带和脐。卵生的鸡雏并无脐，此系指肛门。

[6] 鸡棲：鸡栖宿之所，即鸡塒，俗称鸡窝。

[7] 安稳：这是和后文所说的在树上栖宿，相比较而言。

[8] 古代养鸡多有让鸡栖息在树上的习惯，故杜甫有"驱鸡上树木"的诗句。

译文

《齐民要术》：种鸡，桑叶落时孵出的小鸡最好。体小、毛色浅、腿脚细短的便是。这种鸡下蛋多，叫声少，善于孵小鸡。在春天和夏天孵出的小鸡都不好。体形大，羽毛好看，腿脚又粗长的便是。这种鸡喜欢到处乱跑，爱叫唤，不经常下蛋，不爱孵小鸡。既不常下蛋，所以也无从繁育小雏。

在春天和夏天孵出的鸡雏，二十天以内，不要让它出窝，要用干燥的饭食去喂。出窝早了，免不了受到乌鸦和老鹰的伤害；喂湿饭食，会使它的肛门化脓。

鸡栖，应就地做成鸡笼，在笼内搭上木架。虽然鸡叫鸣的声音不响亮，但是却站立得很安稳，容易增重，同时又可免去狐狸的祸患。如果让它们栖息在树上，一旦遇到大风和严寒，大鸡会冻伤冻瘦，小鸡甚至会死掉。

烧柳树枝柴，会伤害鸡雏，小的会死，大的会瞎眼。这一说法和"烧黍穰会杀死瓠瓜"一类的说法一样，很难弄明白其中的原因。

中华传统文化

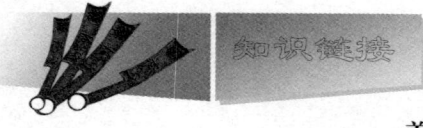

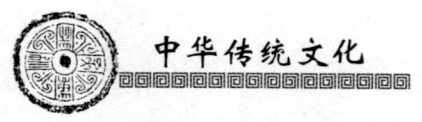

知识链接

养鸡法

《家政法》载，使养的鸡速肥，不上房，不刨园圃，不怕乌鸦、老鹰、狐狸法：专门打一个墙匡，在墙上开一小门，在墙匡中做一小厂房，供鸡避风雨烈日。把公鸡和母鸡翅上的翎毛一律剪掉，使其不能飞出墙外。平常多收集些秕谷子、稗子和野豌豆之类的食物饲喂，还应该做一个小的饮水槽贮水。用荆条编成鸡笼，放在离地一尺高处，笼下的鸡屎应常常扫除。在墙上挖凿小洞穴，也离地一尺高。冬天洞窝中放些干草，不放则鸡蛋受冻；春夏秋三季不要放草，直接卧在土上，任凭它去下蛋和孵小鸡，窝内有草容易生蛆虫。小鸡雏孵出后，应拿到洞窝外面，用罩笼圈盖起来。长到像鹌鹑大小时，便可放到墙匡里边去。准备作鸡雏食用的，再别作墙匡，把小麦蒸熟后喂饲，三到七日左右便长肥大了。

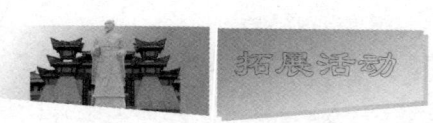

鸡窝

拓展活动

现代社会，人们越来越崇尚绿色食品，在果园里散养的鸡，也越来越受青睐，因为果园地势高，通风和光照条件良好，地为沙质土壤，未被传染病和寄生虫污染，透气性和透水性良好。因其生长环境较为粗放，养出的鸡，肉质好，市场畅销。

同学们，不妨走出校园，走进农家，探究一下农家养鸡的方法。

走进齐文化 九

第28课 《作鱼鲊第四十七》节选

出自《齐民要术》文选

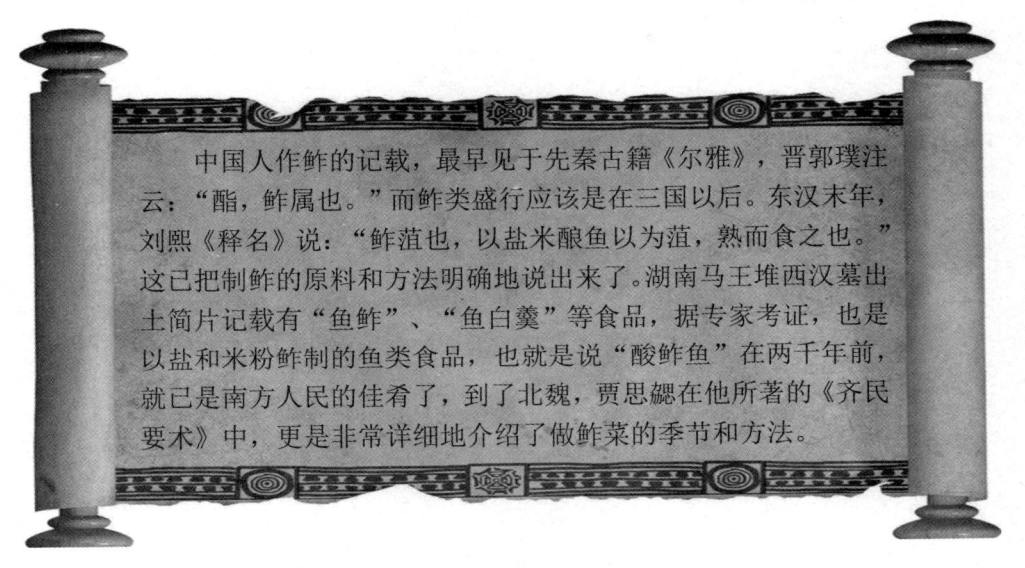

中国人作鲊的记载,最早见于先秦古籍《尔雅》,晋郭璞注云:"酯,鲊属也。"而鲊类盛行应该是在三国以后。东汉末年,刘熙《释名》说:"鲊菹也,以盐米酿鱼以为菹,熟而食之也。"这已把制鲊的原料和方法明确地说出来了。湖南马王堆西汉墓出土简片记载有"鱼鲊"、"鱼白羹"等食品,据专家考证,也是以盐和米粉鲊制的鱼类食品,也就是说"酸鲊鱼"在两千年前,就已是南方人民的佳肴了,到了北魏,贾思勰在他所著的《齐民要术》中,更是非常详细地介绍了做鲊菜的季节和方法。

经典诵读

凡作鲊(zhǎ)[1],春秋为时,冬夏不佳。寒时难熟。热则非咸不成,咸复无味,兼生蛆;宜作裹鲊也。

取新鲤鱼,鱼唯大为佳。瘦鱼弥胜,肥者虽美而不耐久。肉长尺半以上,皮骨坚硬,不任为脍者,皆堪为鲊也。去鳞讫,则脔(luán)[2]。脔形长二寸,广一寸,厚五分,皆使脔别有皮,不宜令有无皮脔也。手掷着盆水中,浸洗去血。脔讫,漉出,更于清水中净洗。漉着盘中,以白盐散之。盛着笼中,平板石上迮[3]去水。世名"逐水"。盐水不尽,令鲊脔烂。

鲊 鱼

115

经宿迮之,亦无嫌也。水尽,炙一片,尝咸淡。淡则更以盐和糁(sǎn)[4];咸
则空下糁,不复以盐按之。

注释

[1]鲊:音炸,鲊,滓也,以盐米酿之如菹,熟而食之也。则所指不仅是酿鱼,凡用盐米酿鱼、肉类,都是鲊,类似糟鱼、糟肉。

[2]脔:块切肉。这里作动词用,即切成稍厚成片的块肉。

[3]迮:音责,又音作,也写作"笮",压榨的意思。

[4]糁:《说文》:"以米和羹也。"由此义引申,凡搀和在鱼肉、菜肴中的米饭都叫"糁"。

译文

凡做鲊,春秋二季适合,冬夏不适合。冬天冷,难熟。夏天热,非加盐不可,但咸了就没有味,而且又容易生蛆虫;夏天只宜用腌过的泡鱼作鲊。

取新鲜鲤鱼,鱼只有大鱼为好。瘦鱼更好;肥鱼虽好,但不耐久。鱼肉长到一尺半以上,皮骨坚硬,不能作脍的,都可以作鲊。去鳞后,切成2×1×0.5寸大小的长方形薄片。每片上都应有皮,不宜有不带皮得脔。随手扔在盛着水的盆子里,浸洗去血,漉出再以清水洗净。再把鱼片捞出来放在盘中,撒上白盐,然后于盛在笼子里,放在平正的石板上,压去水。世人叫做"逐水"。盐水不榨尽,鲊肉会烂。榨一夜也没有关系。水榨尽了,炙一片尝尝咸淡。淡了可以在糁里和进些盐;咸的话,只单纯用淡糁,不再加盐。

知识链接

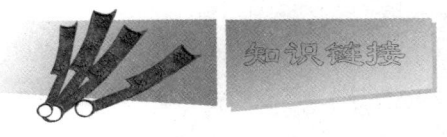

苗家鲊：地处重庆、湖南、湖北、贵州交界处的武陵苗族，由于山高险峻，道路崎岖，气候寒冷潮湿及交通的闭塞带来了交流与购买的困难。为了满足日常食品的需要，民间都采用腌腊和坛鲊的储存方法，用坛鲊的食物可保存数年，且含有一种特别的微酸味，经蒸或炒或煎制之后，香气四溢，特别刺激人的食欲，迄今为止依然是苗家人佐酒下饭的美食奇品。

苗家鲊类繁多，有鲊鱼、鲊肉、鲊肠、鲊辣椒、鲊茄子、鲊芋头，等等。特别是鲊辣椒，既可作为主料独立成菜——例如"炒鲊海椒"，又可与回锅肉、油渣、鸡蛋、扣肉、腊肉、米豆腐、土豆、虾仁、厚皮菜等搭配烹制出数十种美味佳肴。

鲊辣椒

拓展活动

鱼鲊是我国古代特有的一种腌制发酵食品，按一定工艺加工而成。从汉朝开始，鱼鲊就在饮食界广为流行，而后进入商品市场，成为古代的专类食物。鱼鲊作为一种口味香美并且可以持久保存的食品，在古代饮食历史中留下了深深的印迹。请同学们利用手中的资料或者网络搜集我们淄博当地得美食和同学们进行分享。

第八单元 齐国风俗

巍巍牛山麓，滔滔淄河水。姜太公"因其俗，减其礼"，人民各安其位，各行其事；管仲"四民分业"，"来天下之财，致天下之民"；晏婴"尚仁治、辅以法"，雷厉风行；齐威王"不飞则已，一鸣惊人"。求贤、纳谏，尊贤、尚功……尊教重士、好客广纳的大国之风，在齐国大地蔚然形成……

第29课 尊教重士

我不得不装成铁石心肠，故意不看姜子牙那根长长的钓竿，不看齐桓公沐浴焚香拜相管仲的隆重仪式，不看能言善辩的晏婴矫捷的身影，不看军事家孙武别齐去吴的那个清晨，也不看医学家扁鹊一次次用脉诊让人起死回生的奇迹……

全都放弃吧，只跟着我，来到齐国都城临淄的稷门下。那里，曾是大名鼎鼎的稷下学宫的所在地。

——余秋雨

稷下学宫

稷下学宫

稷下学宫创建于齐桓公（田午）时期（约公元前374年至公元前357年），共存在一百四十余年，因位于齐都临淄城的稷门附近，故名稷下学宫。

稷下学宫是一所由官家举办的特殊形式的学校，是一所集讲学、著述、育才活动为一体兼有咨询、议政作用的高等学府，是战国时期"百家争鸣"之地，也是稷下各学派思想文化的摇篮，与古希腊的雅典学派同期绽放，被誉为"世界上最早的大学"。

尊教重士

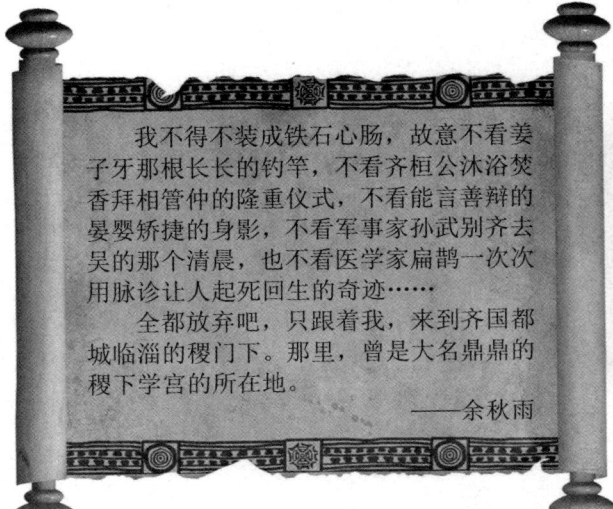

管子曰："夫争天下者，必先争人。"在春秋战国你死我活、竞争激烈的形势下，实力和谋略是致胜的根本，而人才又是谋略和实力

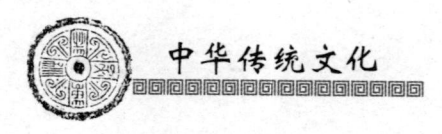

的关键。当时各国有眼光的统治者都大开招贤纳士之门。作为"战国七雄"的齐国，自然不甘人后，特别是稷下学宫的设立，将齐文化"重士"传统进一步发扬广大。

历史上记载，稷下学宫里面的众位先生及其弟子在人数上最多时达"数百千人"。徐干著的《中论·亡国》中说："齐桓公立稷下之宫，设大夫之号，招致贤人而尊宠之，自孟柯之徒皆游于齐。"不仅如此，齐王还给稷下学士以优厚的生活待遇，如齐宣王对孟子，"将中国授室，养弟子以万钟"；田骈"赀养千钟，徒百人"；"齐威王……皆命曰列大夫，为开第康庄之衢，高门大屋，尊宠之。"据说，齐桓公曾派游士八十余人，以非常优厚的待遇，让他们游说诸国，遍访四方，招纳天下德才之士，以助霸业，作为万乘之主。他曾五访小臣稷，路遇贤士宁戚，连夜"授之以为卿"。

在稷下学宫，尊教重士的程度达到了高峰，"致千里之奇士，总百家之伟说"，甚至出现了"士贵王不贵"之论。这一方面体现了对士阶层作用地位的充分肯定，另一方面也反映出齐文化包容、自由的特性。

价值功能

稷下学宫是中国古代历史上第一次思想解放运动的策源地，成为战国时期的文化中心，并成为百家争鸣的论坛和文化阵地。所以它具备很多功能。

（1）询议功能

稷下学宫是齐国君主咨询问政及稷下学者议论国事的场所。齐国执政者不惜财力物力创办稷下学宫，实行各种优惠政策，招揽天下有识之士，其根本目的就是为了利用天下贤士的谋略智慧，为其完成富国强兵、争雄天下的政治目标服务。稷下学宫也因此成为一个政治咨询中心。这些都体现了稷下学宫的政治功能。稷下学者进言，齐王纳言，是稷下学宫作为政治咨询中心的一大特色。

临淄齐国故城

（2）教育功能

稷下学宫又具有培养人才，传播文化知识的性质，被后人称为"田氏封建政权兴办的大学堂"，"齐国的最高学府"，其在教育史上的影响也是巨大的。稷下学宫最为前辈的学者淳于髡也有"诸弟子三千人"之称。宣王时，稷下的师生数量多达"数百千人"。由此可见师生人数之众。如此师生济济一堂，定期举行教学活动，同时，稷下学宫也有较严格的规章制度。

（3）学术功能

稷下学者总是针对当时的热点问题阐述政见。他们学识渊博，长于分析问题，在表述上旁征博引，穷尽事理，具有一定的理论性和学术性。同时，由于稷下学者学派不同，看问题的角度不同，解决问题的方案有异，而会竞长论短，争论不已。最终促进了稷下学宫在学术上百家争鸣局面的形成，使稷下成为当时发展学术、繁荣学术的中心。

影响

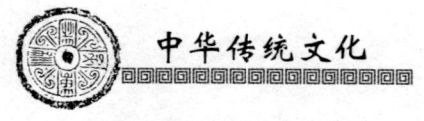

稷下学宫对中国传统文化的形成发展产生了深远影响。中国传统文化的核心就是伦理观、价值观、世界观。其具体内容则涵盖很多方面，但是，毫无疑问这些涵盖众多内容的伦理观、价值观、世界观是我们的先民长期融合的结果。

第一，忧国忧民、拯救天下的历史责任感。稷下学者把学术和政治紧密结合起来，"各著书言治乱之事，以干世主"，体现了强烈的参政意识。从稷下元老淳于髡到后起之秀鲁仲连，无不如此。

第二，不畏权势，刚正不阿的大丈夫气概。稷下学者这些知识分子，既不趋炎附势，也不受物质引诱，表现出高尚的独立人格。

第三，厚德载物，博大宽容的广阔胸怀。稷下学者在风云变幻的政治舞台上所表现出来的高风亮节，稷下之学在百家争鸣的学术领域中所显示出来中心地位，对中华民族精神的形成起了巨大的作用。

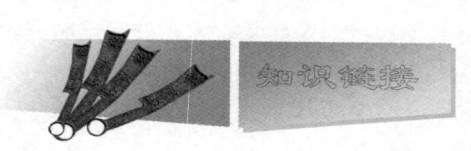

知识链接

（1）"稷"，也叫"后稷"，是周族始祖。因善于种粮食，被尊为农神或谷神，在我国古代享有崇高的地位。"社稷"一词的意思，就是古代帝王、诸侯所祭的土神和谷神，旧时用作国家的代称。全国有三处以"后稷"的"稷"为名的"稷山"，除临淄之外，还有山西省稷山县南、浙江省绍兴市东两处。位于山东省淄博市临淄区西南的稷山，是临淄与青州市的界山，山阴为临淄，山阳为青州。山上旧有后稷祠，海拔虽仅一百七十一米，但影响巨大。齐国古称稷下，齐古城有"稷门"，门外有"稷下学宫"，皆因此山而起。

（2）《弟子职》是稷下学宫制定的历史上第一个学生守则。全文共计九章，首章兼言学业与德行，可视为总则。其后八章，从尊敬师长到敬德修业，从饮食起居到衣着仪表，从课堂授课到课后复习均有严格规定，无不详备。

拓展活动

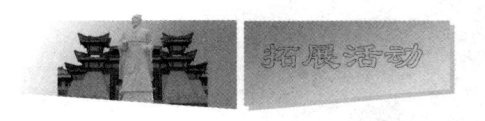

古今中外的历史反复证明,一个国家最可靠的财富不是土地、矿藏、黄金,也不是宫殿、楼阁,而是优秀的人才,这才是国家真正拥有的财富。因此我们要认识到当今教育的重要性,在信息网络化、社会知识化、经济全球化的今天,教育的作用显得更加突出。"人才是第一资源"已经成为客观事实。那么你作为一名中学生,如何做才能成为建设祖国的一流人才呢?

参考材料:1.《中论·亡国》

2.《齐文化发展史》(兰州大学出版社,宣兆琦著)

3.《管子·卷十九》

4. 西汉·司马迁《史记·孟子荀卿列传》

5. 司马光《稷下赋》

中华传统文化

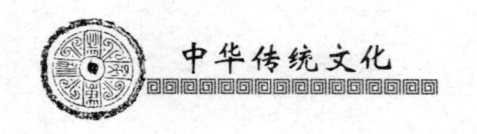

第30课 好客广纳

齐国是战国时期的东方大国，盛行"宽缓阔达"的大国之风，好客广纳是齐国的优良传统。开放、包容的文化特色，使齐国成为广纳列国人才的大都会。贤人智士八方云集，不仅有厚禄和尊重，齐国也成为他们施展智慧和才华的宝地……

齐国都城繁荣景象图

百家争鸣

战国时期，齐国都城临淄的西门外有一所闻名天下的学术殿堂，因齐国西门又称稷门，故其名为稷下学宫，是田齐第三代君主齐桓公田午所建。齐国不拘一格招揽人才，使得稷下学宫兴盛时期，几乎容纳当时诸子百家的各个学派，汇集的天下贤士多达千人，其中最有名的是孟子和荀子。

稷下学宫思想自由，学术氛围浓厚。凡到稷下学宫的文人学者，无论其学术派别、思想观点、政治倾向，以及国别、年龄、资历如何，都可以自由发表自己的见解。更为可贵的是，齐国统治者采取了十分优待的态度，积极吸纳有关治国

百家争鸣图

的建议和看法，并封了不少著名学者为"上大夫"，允许他们"不治而议论"，"不任职而论国事"。

充分的思想言论自由，催生了"百家争鸣"学术新风的到来，这对秦汉以后文化的发展与繁荣影响深远。

选贤举能

广招人才、尊重人才，把人才提高到国宝级高度来认识的唯有齐威王。齐威王，战国时期齐国国君，田齐桓公田午之子。公元前356年继位，在位三十六年。齐威王初即位，不理政事，齐国统治如履薄冰，经过谋士淳于髡的劝说，他很快振作起来，下定"不飞则已，一飞冲天；不鸣则已，一鸣惊人"的决心。

公元前333年，齐威王在与魏惠王"比宝"的谈话中，把大臣檀子、田盼、黔夫、种首比作"国宝"。齐威王不拘一格地任用贤才，他一面选用宗室中有智能的人为官，如田忌做将军，田盼子守高唐；一面又选用大批门第寒微的士人委以重任。比如，因受妒而惨遭迫害的著名军事家孙膑，从魏国逃归时本是刑余之人，是被追杀的囚犯，而到齐国后，以其丰富的军事理论和卓越的指挥才能，在田忌的推荐下，受到齐威王的信任和重用。到齐威王统治后期，齐国成为诸侯国中最强盛的国家。

齐威王像

养士三千

孟尝君，姓田，名文，战国四公子之一。袭其父田婴的封爵，封于薛国，称薛公，号孟尝君。他的父亲"靖郭君"田婴，是齐威王的

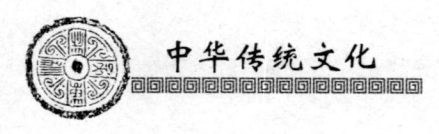

小儿子。

孟尝君以"好客养士"闻名天下。广招贤士,收养门客不择贵贱,为最大限度的招揽人才,不惜"舍业厚遇之",因而"倾天下之士",门下食客三千余人,从而壮大了齐国的政治力量。

秦昭王仰慕孟尝君的才能,派人请他到秦国作客,并拜他为宰相。孟尝君为了报答秦王的赏识,送上一件名贵的纯白狐裘作为见面礼。后秦王由于听信臣下的谗言,担心孟尝君"必先齐而后秦",危及秦国安全,罢免了孟尝君的相国职务,并把他囚禁,图谋杀掉。孟尝君派人向秦昭王的宠妾求救,宠妾却以那件"狐白裘"作为救人的交换条件。但"狐白裘"早就献给秦王。危急之中,一位"能为狗盗"的下等门客自告奋勇:"能得狐白裘。"当晚,这位门客就趁着夜色,偷偷进入皇宫,学着狗叫把卫士引开,偷得那件白狐裘,并把它献给了秦王宠妾。宠妾见到白狐裘,果然爱不释手,并向秦昭王美言,释放了孟尝君。

孟尝君养士图

夜半时分,孟尝君一路小跑,到了函谷关。按关法"鸡鸣而出客"。由于担心秦王变卦而被追回,他十分焦急地盼着鸡叫。这时候,又有一位"能为鸡鸣"的下等门客,绘声绘色地学起了鸡叫,引得众鸡"齐鸣",于是,他们得以及时逃出函谷关,令秦国追兵无功而返。

孟尝君好客广纳,仰仗所养之士,既推动了国家的发展,也在危急时刻救了自己的性命。这些贤能之士,成为他活跃于政治舞台上的宝贵财富。

走进齐文化 九

知识链接

越伟大的抱负越需要别人的帮忙，唯有善于借梯者才能登高望远。历史上有许多成功贤明的君主，他们尊贤尚功，招贤纳士，虚心纳谏，最终成就大业。如刘邦重用韩信、张良、萧何、陈平等谋士；唐太宗重用房玄龄、杜如晦、魏征。请你搜集一下他们的故事，与同学交流一下吧！

拓展活动

战国时期，群雄争霸，兼并战争连绵。为了生存，统治者招贤纳士，推动国家的发展与强大。当今世界，国家间的竞争，归根究底就是人才的竞争，国家兴盛，人才为本。我们青少年一代，是国家的希望、民族的未来。想一想，我们该怎样做，才能使我们的祖国巍然屹立于世界的东方？

参考材料：1.《战国策·齐策》
    2.《史记·孟尝君列传》

附1 周代齐国年表

（一）姜齐年表（公元前11世纪至公元前379年）

君 主	时间（公元前）	说 明
姜太公	1045—1015	在营丘建立齐国
丁公伋	1014—1010	太公长子
乙公得	1010—？	丁公弟
癸公慈母	？—？	乙公子
哀公不辰	？—867	癸公子
胡公静	866—859	哀公弟 迁都薄姑
献公山	859—851	胡公弟 复都营丘改名临淄
武公寿	850—825	献公子
厉公无忌	824—826	武公子
文公赤	815—804	厉公子
成公脱	803—795	文公子
庄公购	794—731	成公子，春秋小霸
僖公禄文	730—698	庄公子，春秋小霸
襄公诸儿	697—686	僖公子
公孙无知	686—685	襄公叔父子
桓公小白	685—643	襄公弟，春秋五霸第一
无诡	643—642	桓公子
孝公昭	642—633	桓公子

续表

君　主	时间（公元前）	说　明
昭公潘	632—613	桓公子
公子舍	613.5—613.10	昭公子
懿公商人	612—609	桓公子
惠公元	608—599	桓公子
顷公无野	598—582	惠公子
灵公环	581—554	顷公子
庄公光	553—548	灵公子
景公杵臼	547—490	庄公弟
晏孺子	489春—489.10	景公子
悼公阳生	488—485	景公子
简公壬	484—481	悼公子
平公鳌	480—456	简公弟
宣公积	455—405	平公子
康公贷	404—379	宣公子。康公死，姜齐被田齐取代

（二）田齐年表（公元前386年至公元前221年）

君　主	时间（公元前）	说　明
太公和	386—384	田和为齐侯
齐侯剡	383—375	太公田和子
醒公午	374—357	
威王因齐	356—320	桓公子　战国称雄

续表

君　主	时间（公元前）	说　明
宣子辟疆	319—301	威王子
闵王地	300—284	宣王子
襄王法章	283—265	闵王子
齐王建	264—221	襄王子　被秦灭

附2 周代齐国历史大事记

时　　间	说　　明
公元前 1045 年	姜太公封于营丘（即今淄博市临淄区），建立齐国
公元前 866 年	齐胡公姜静把都城从营丘迁到了薄姑（今滨州市博兴县湖滨镇寨卞村北）
公元前 859 年	齐献公姜山复都营丘，将营丘改名为临淄
公元前 690 年	齐襄公姜诸儿灭掉纪国（都城在今寿光市纪台镇纪台村）
公元前 685 年	齐桓公姜小白即位
公元前 679 年	鄄地（今山东鄄城）会盟，齐桓公成为公认的霸主
公元前 672 年	陈完逃奔到了齐国。齐桓公任命他为工正，负责管理齐国的手工业
公元前 667 年	幽地会盟，周惠王的代表召伯廖以天子的名义，向齐桓公授予"侯伯"的头衔
公元前 664 年	齐桓公伐戎救燕
公元前 661 年 公元前 659 年	齐桓公两次伐狄救邢
公元前 660 年	齐桓公伐狄救卫
公元前 659 年	齐桓公伐楚，与楚订"召陵之盟"
公元前 651 年	葵丘（今河南省民权县或山东省鄄城县）会盟，标志着桓公的霸业达到顶峰
公元前 645 年	管仲病逝
公元前 643 年	齐桓公被饿死
公元前 589 年	晋、鲁、曹、卫伐齐，双方在鞌（今济南附近）展开激战
公元前 567 年	齐灵公灭莱
公元前 523 年	齐景公伐莒，攻破纪鄣（今江苏省赣榆县东北）

续表

时　间	说　明
公元前 517 年	鲁国内乱，鲁昭公投奔齐国。孔子来齐闻韶
公元前 481 年	田常兄弟逐杀监止、齐简公姜壬，立齐平公姜骜
公元前 386 年	田和正式成为齐侯，列名于周朝王室
公元前 379 年	齐康公姜贷死，姜氏齐国的历史结束
公元前 353 年	齐、魏桂陵之战，齐国大胜
公元前 341 年	齐、魏马陵之战，齐国大胜
公元前 334 年	徐州相王，齐威王称王称雄，齐国"最强于诸侯"
公元前 314 年	齐宣王命令匡章率军占领燕国
公元前 301 年	齐宣王命令匡章与魏将公孙喜、韩将暴鸢率领三国联军进攻楚国，在垂沙（今河南唐河境）杀得楚军大败
公元前 288 年	秦昭王与齐湣王共同称帝，秦昭王为西帝，而齐湣王为东帝
公元前 286 年	齐湣王灭宋
公元前 284 年	燕昭王任命乐毅为上将军，率领燕、赵、韩、魏、秦五国合纵攻齐。燕军攻破临淄，攻下齐国七十余城，仅剩下了即墨（今山东即墨北）和莒邑（今山东莒县）
公元前 279 年	田单在即墨火牛阵破燕，收复齐国被占领土，迎接齐襄王回临淄主政
公元前 221 年	秦王命令王贲率军击齐，齐王建投降，齐国灭亡

编后语：

为落实教育部《完善中华优秀传统文化教育指导纲要》精神，由宋爱国同志倡导和发起，张成刚同志积极推进，组成了《中华传统文化——走进齐文化》编委会，编写了本书，旨在使广大中小学生通过对齐文化的学习和了解，感悟齐文化的丰富多彩和博大精深，激发热爱齐文化的情感，提高对齐文化的认同度，从而探究齐文化，发掘齐文化，弘扬和光大齐文化，共建中华民族文化的精神家园。

徐广福拟定《〈中华传统文化——走进齐文化〉编写大纲》，确立了编写的指导思想、编写的原则、编写的思路、编写的体例、编写的内容和编写的目录；李德刚、吴同德、于建磊负责分册编写的组织、统稿、审稿和修订工作；王鹏、朱奉强、许跃刚、李新彦多次组织相关会议，推动了本书的编写工作；各分册的编写人员尽心竭力，按时完成了编写任务。

本书在项目论证、具体编写、审稿修订的过程中，得到了社会各界的帮助。齐文化专家宣兆琦教授对本书的编写纲要提出了很好的意见和建议；临淄区齐文化研究中心、齐文化研究社鼎力相助，宋玉顺、王金智、姜建、姚素娟、王景甫、王本昌、王方诗、邵杰、胡学国、王毅等专家给予了热情指导和真诚帮助，在此表示衷心感谢！

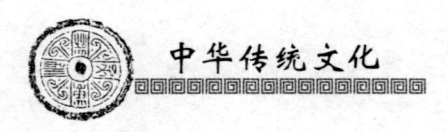

我们还要感谢试用本书的广大师生和读者。限于时间和水平，本书难免会存在一些问题，希望在试用过程中，及时把意见和建议反馈给我们，以便我们进一步改进和优化，提高本书的内涵品质。

《中华传统文化——走进齐文化》编委会

2023年2月